행성궤도론

책세상 문고·고전의 세계

030

G. W. F. 헤겔

행성궤도론

박병기 옮김

해제 | 헤겔의 자연철학과 《행성궤도론》

책 세 상

일러두기

1. 이 책은 헤겔Georg Wilhelm Friedrich Hegel의 《행성궤도에 관한 철학적 논구*Dissertatio Philosophica de Orbitis Planetarum*》를 완역한 것이다.

2. 번역 대본으로는 라틴어 · 독일어 대역본인 볼프강 노이저Wolfgang Neuser 의 《행성궤도에 관한 철학적 논구*Philosophische Erörterung über die Planeten-bahnen*》(Heidelberg : VCH Verlaggesellschaft mbH, 1986)를 라틴어본과 독역본을 대조해가며 사용했고, 게오르크 라손Georg Lasson이 편찬한 《헤 겔전집*G. W. F. Hegel Erste Druckschriften*》(Leipzig, 1928)에 실린 텍스트를 참조했다. 원래 라틴어로 작성된 논문이기 때문에 독역본이 의심스러운 경 우 라틴어 원문을 따랐다.

3. 프랑수아 드 강François de Gandt이 번역한 불역본 《행성궤도에 관하여 (1801년의 교수자격 취득 논문)*Les Orbités des Planetes (Dissertation de 1801)*》 (Paris : Librairie Philosophique J. VRIN, 1979)와 무라카미 교이치村上恭一 가 번역한 일역본 《혹성궤도론惑星軌道論》(東京 : 法政大學出版局, 1991)도 번 역에 참조했나.

4. 주는 모두 옮긴이의 주로 노이저와 드 강, 무라카미 교이치의 주에 크게 힘 입은 것이다. 노이저의 주에서 참고한 것은 WN으로, 드 강의 주에서 참고 한 것은 dG로, 무라카미 교이치의 주에서 참고한 것은 MK로 해당 주의 말 미에 표시해두었다.

5. 몇몇 주요 인명과 책명은 처음 1회에 한해 원어를 병기했다.

6. 단행본과 잡지, 출판된 논문은 《 》로, 논문이나 소논문 등은 〈 〉로 표시했다.

7. 이 책의 장과 절은 원서에는 없지만 독자의 이해를 돕기 위해 옮긴이가 임의 로 넣은 것이다.

8. 맞춤법과 외래어 표기는 1989년 3월 1일부터 시행된 〈한글 맞춤법 시행령〉 과 《문교부 편수자료》에 따랐다.

행성궤도론 | 차례

들어가는 말 | 박병기 7

서론 13

제1장 뉴턴 천문학의 원리에 대한 비판적 논구 17
  1. 물리학 · 역학 · 수학 19
    (1) 뉴턴의 오류 19
    (2) 수학적 형식주의와 물리적 실재성 20
    (3) 뉴턴 물리학에서 힘의 개념 21
    (4) 케플러의 법칙과 그에 대한 뉴턴의 해석 22
    (5) 힘의 분할 23
  2. 대립하는 두 개의 힘 25
    (1) 기하학적 추리 25
    (2) 원심력의 물리적 실재성 26
    (3) 힘의 동일성과 구별에 관한 참된 철학적 개념 27
    (4) 참된 기하학에서 부분과 전체 29
    (5) 원심력과 구심력의 동일성 30
    (6) 두 힘을 구별함으로써 발생하는 불합리한 결론 33
      ㄱ. 속도의 변화 33
      ㄴ. 적도 아래에서 진자의 진동 속도의 감소 34
  3. 물질과 무게 37
    (1) 중력 산정의 어려움 37
    (2) 참된 두 계기의 통일로서의 무게의 개념 39
    (3) 뉴턴의 허위를 보여주는 하나의 사례―중량과 형상의 독선적 자립성 41
    (4) 물질의 개념―물질과 힘의 관계, 뉴턴주의의 신 41

제2장 태양계의 기초적 원리에 대한 철학적 서술 45
  1. 양극의 실재적 구별 47
    (1) 응집선 또는 도량 관계의 결절선 47
    (2) 힘의 중심과 무차별점 48
    (3) 양극성의 형식들―자석 · 진자 · 태양계 50

　　2. 포텐츠의 관념적 구별 51
　　　(1) 점 · 시간 · 정신 51
　　　(2) 점에서 선 · 면으로의 이행 52
　　　(3) 평방과 입방체(물체의 낙하와 케플러의 법칙) 54
　　　(4) 행성 운동의 특성 56

제3장 보론—행성 간 거리의 문제 59

부록—토론 테제 65

해제—헤겔의 자연철학과 《행성궤도론》 69
　　1. 자연철학 연구의 흐름 69
　　2. 헤겔의 자연철학 71
　　　(1) 낭만주의 자연철학 시대 72
　　　(2) 철학 체계의 구상 75
　　　(3) 낭만주의 비판 79
　　　(4) 자연철학 체계의 완성 82
　　3. 《행성궤도론》에 관하여 85

　　주 96
　　더 읽어야 할 자료들 168
　　옮긴이에 대하여 173

들·어·가·는·말

1801년 10월 헤겔G. W. F. Hegel은 우여곡절 끝에 예나 대학에 교수자격 취득 논문을 제출했다. 그 논문이 바로《행성궤도론Dissertatio Philosophica de Orbitis Planetarum》이다. 그러나 《행성궤도론에 관한 철학적 논구》(이하 《행성궤도론》으로 표기)은 출판되자마자 예기치 못한 복병을 만나 거의 사장될 수밖에 없는 운명에 처하게 된다. 헤겔은 이 논문의 보론에서 화성과 목성 사이에는 어떠한 행성도 있을 수 없음을 강하게 논증했지만, 이는 이탈리아의 천문학자 피아치 Giuseppe Piazzi가 1801년 1월 1일 화성과 목성 사이의 궤도에서 소행성 케레스를 발견한 뒤의 일이었다. 헤겔은 이미 발견된 소행성을 철학적으로 존재할 수 없다고 애써 논증한 셈이다.

아무튼 소행성 케레스가 발견되었다는 사실이 알려진 뒤 이 논문뿐만 아니라 헤겔의 자연철학 전반에 관한 세인의 관심은 그야말로 냉랭해졌다. 그는 나중에《하이델베르크 철학백과 사전Enzyklopädie der philosophischen Wissenschaften im Grundrisse und andere Schriften aus der Heidelberger Zeit, mit einem Vorwort von Hermann Glockner》(1817)에서, "내가 초기의 교수 자격 취득 논문에서 시도했던 것은 더 이상 만족스러운 것으로 볼 수 없다"[1]라고 자신의 실수를 인정한다. 그러나 헤겔의 이러한 고통스러운 고백은 두 번 다시 반복되지 않는다.[2] 물론《행성궤도론》의 의의를 긍정적으로 평가하는 사람이 없지는 않았지만, 이 같은 상황은 20세기가 되어서도 변하지 않았다. 포퍼Karl Popper 같은 적대자들이 헤겔을 야유하고 조롱하기 위해 가끔 인용할 뿐《행성궤도론》을 포함한 헤겔의 자연철학은 헤겔 연구자들 사이에서도 '미운 오리새끼'가 되었다.

그러다가 1970년 헤겔의 원전 중에서는 뒤늦게《철학백과사전Enzyklopädie der philosophi-schen Wissenschaften im Grundrisse》제2부 〈자연철학Die Naturphilosophie〉이 페트리Michael John Petry 에 의해 상세한 주를 덧붙인 채 영어로 번역, 출간됨으로써 헤겔의 자연철학에 관한 연구가 차츰 활기를 띠게 되었다. 〈자연철학〉 영역본을 통해 헤겔에게 영향을 주었던 당대의 자연과학자와 자연과학상의 문헌이 소상하게 밝혀진 것이다. 이러한 연구를 통해 헤겔이 자연과학에 문외한이었다는 일부의 평가가 근거 없는 것이었음이 밝혀졌다. 1983년 튀빙엔 대학에서 최초로 헤겔의 자연철학에 관한 국제학술회의가 열린 이후 1986년 논문집《헤겔의 자연철학Hegels Philosophie der Natur》이 발간되었고, 다음해에는《헤겔과 자연과학Hegel und die Naturwissenschaften》이 발간되었다. 1989년에는 케임브리지에서 헤겔과 뉴턴주의를 주제로 국제학술회의가 열렸으며, 이때 발표된 논문들이 1993년에《헤겔과 뉴턴주의Hegel and Newtonianism》라는 이름으로 출판되었다. 또한 2001년에는 헤겔의 생물학 사상을 다룬《헤겔과 생명과학Hegel und die Lebenswissenschaften》이 출판되기도 했다.

헤겔의 자연철학에 대한 연구의 열기를 등에 업고 1979년 프랑스의 프랑수아 드 강François de Gandt은 당시 거의 주목

받지 못했던 문제의 《행성궤도론》을 상세한 주해를 덧붙여 불역했고, 1986년에는 독일의 볼프강 노이저Wolfgang Neuser 가 헤겔의 뉴턴 비판이 갖는 의의를 주제로 한 해설을 덧붙여 독일어로 다시 번역했다. 유럽에서의 이러한 헤겔 자연철학 연구 부흥은 일본 철학계에도 영향을 끼쳐 1988년에 일본에서 자연철학연구회가 결성되었으며 1991년에 무라카미 교이치村上恭一가 《행성궤도론》을 "혹성궤도론村惑星軌道論"이라는 제목으로 일본어로 번역하기도 했다

내가 《행성궤도론》을 처음 대한 것은 1997년이다. 당시 독일에 유학 중이던 한 후배가 노이저의 라틴어 · 독일어 대역본을 선물로 보내온 것이다. 그렇지 않아도 헤겔의 자연철학에 흥미를 느끼고 있었던 나는 곧바로 번역에 착수했으나, 과학사 지식이 부족한 탓에 큰 진전을 보지 못하다가 드 강의 불역본과 무라카미 교이치의 일역본을 손에 넣고 나서야 비로소 주석을 덧붙여 번역을 끝마칠 수 있었다. 그 후배에게 지면을 빌려 새삼 감사의 말을 전한다.

《행성궤도론》은 헤겔이 자연철학에 관해 작성한 최초의 문헌이다. 이제까지 출간된 헤겔의 자연철학 문헌은 몇 가지가 있다. 1801년의 이 논문과 1803년부터 1806년까지 씌어진 《예나 체계초안Jenaer Systementwürfe》, 《철학백과사전》 제2부 〈자연철학〉, 2002년에 비로소 출판된 《1819~1820년 베를린 대학에서의 자연철학 강의록Vorlesungen über die Philosophie der Natur Berlin 1819/1820》 등이 그것이다. 헤겔의 자연철학은 셸링F. W. J. von Schelling과 당시 독일 낭만주의자들에게 영향을 받

아 성립되었으나 헤겔은 점차 자신의 사상을 형성해 마침내 독자적인 자연철학 체계를 이룩하기에 이른다. 《행성궤도론》은 셸링과 낭만주의자들의 사상적 영향 아래 씌어진 것이지만, 그 핵심 사상은 완숙한 시기의 자연철학이나 논리학에 그대로 남아 더욱 발전되었다. 그러므로 이 논문은 헤겔의 자연철학뿐만 아니라 헤겔 철학 전체를 이해하는 데 빼놓을 수 없는, 중요한 의미를 갖는다.

《행성궤도론》은 본론과 보론으로 구성되어 있다. 본론은 크게 두 부분으로 구성되어 있는데 전반부는 케플러Johannes Kepler의 법칙을 수학적으로 공식화한 뉴턴Issac Newton의 중력 법칙을 비판하고 후반부는 케플러의 법칙을 형이상학적으로 재해석한다. 그리고 보론은 행성 간의 거리에 관한 법칙인 '티티우스Titius-보데Bode의 법칙'을 비판한다.

전반부에서 헤겔이 뉴턴을 비판하는 데 있어 핵심은 뉴턴이 물리학과 수학을 혼동하고 있다는 것, 다시 말해 뉴턴이 물리학적 규정(질 규정)을 수학적 규정(양 규정)으로 치환한 결과 천박한 기계론 내지 수학주의에 빠져 있다는 것이다. 헤겔은 뉴턴의 법칙이 케플러의 법칙을 재탕한 것에 불과하다는 것을 구체적으로 논증하고자 한다. 후반부에서는 헤겔은 셸링의 응집력 개념과 포텐츠론을 바탕으로 케플러의 법칙을 형이상학적·유기체론적으로 재해석한다.

보론은 행성 간의 거리에 관한 법칙의 문제를 검토한다. 이 보론에서 다루어진 문제가 결국은 헤겔의 자연철학 자체를 불신하게 만들었지만 헤겔의 입장에서 이 보론이 불필요한 것은 아니었다. 《행성궤도론》이라는 논문의 근본 취지는 참된 철학적 입장에서 '이성과 자연의 동일성' 원리를 행성궤도의 법칙에 적용하는 것이었다. 이러한 취지에서 본다면 각 행성과 태양의 거리의 비율을 나타내는 법칙이 발견되어야 하며, 바로 이러한 이유에서 헤겔은 행성 상호간의 거리 문제에 관한 보론을 덧붙였던 것이다.

가능한 한 원문에 충실하게 번역하려 했으나 전혀 의미가 통하지 않을 경우에는 의역을 했다. 전문 용어도 가능하면 오늘날 사용되는 용어로 옮기려고 노력했다. 그러나 당시 자연철학의 전문 용어에 대한 적절한 번역어가 없을 경우에는 음을 빌려 그대로 쓰기도 했다. 이 논문은 뉴턴 역학에 대한 자연철학적 비판이기 때문에 뉴턴주의를 상식으로 받아들이고 있는 우리에게는 납득하기 어렵고 난해하기 짝이 없다. 이 때문에 가능하면 상세한 주석을 달아 독자의 이해를 돕고자 했다. 해제에서는 헤겔의 자연철학 성립의 역사를 개괄하고 《행성궤도론》의 내용을 해설해 참고가 되도록 했다. 그리고 원제목은 '행성궤도에 관한 철학적 논구'이지만 일반적으로 널리 알려진 '행성궤도론'을 이 책의 제목으로 삼았다.

《행성궤도론》이 번역, 소개됨으로써 국내 헤겔 연구에서 미진한 부분으로 남아 있는 자연철학 분야의 연구 분위기가 진작되고 활성화되는 데 도움이 되기를 바란다. 또한 자연을 설명하는 데는 과학적 접근 방식만 있는 것이 아니라 철학적 접근 방식도 있다는 것을 독자들에게 알리는 기회가 되기를 기대한다. 그리고 일반 대중이 섣불리 접근하기 어려운 헤겔 철학의 진수를 대중에게 알리는 데 이 번역본이 조금이나마 도움이 되기를 기대한다.

피곤한 일상 속에서도 소망을 잃지 않고 최선을 다하는 아내 조성자와 밝고 자신감 넘치게 대학 입시를 준비하고 있는 딸 지현, 언제나 건강하게 밝은 미래를 준비하고 있는 아들 창현에게, 꿈은 반드시 이루어지리라 확신하며 마르지 않는 사랑을 전한다.

소책자지만 이 책이 나오기까지 여러분의 도움이 있었다. 그 모든 분께 지면을 빌려 감사 드린다. 또한 흔쾌히 출판을 허락해준 책세상에도 감사 드린다.

옮긴이 박병기

서론

자연의 최초의 힘인 무게[3]와 관련해서 본다면 자연이 만들어낸 지상의 모든 물체는 완전히 자립적인 것은 아니다. 지상의 물체들이 어느 정도 완전하게 그들 나름의 방식으로 우주상을 표현한다고 해도, 전체의 힘에 압도당하고 마침내 소멸한다.[4] 이에 반해 천체는 땅에 매여 있지 않고 그 무게 중심을 완전히 자신 안에 지니고 있기 때문에 투명한 에테르 속을 신들처럼 자유롭게 떠다닌다.[5] 우리가 태양계라고 부르는 이 유기체[6]보다 더 숭고하고 순수하게 이성을 표현하고 철학적으로 고찰할 만한 가치가 있는 것은 없다. 일찍이 키케로가 소크라테스에게 바쳤던, 철학을 하늘에서 끌어내려 그것을 인간의 일상 생활 속으로 가져왔다는 칭송은 주목할 만한 가치가 거의 없거나 아니면 이렇게 해석되어야 한다. 만일 철학을 하늘에서 끌어내린 뒤 다시 하늘로 들어 올리려고 모든 노력을 기울이지 않는다면 철학은 인간의 일상 생활에 어떤 도움도 주지 못할 것[7]이라고.

교수자격 취득 논문이라는 좁은 지면은 이러한 중요한 대상을 다루는 데는 너무 빠듯하다. 여기서는 다만 그 기초적인 원리를 제시하는 데 그치고자 한다. 나는 우선 천문학이 물리학적 측면에서 일반적으로 의거하고 있는 개념을 논할 것이다. 다음으로 참된 철학이 태양계의 연관에 관해서, 특히 행성의 궤도에 관해서 확증하고 있는 것들을 서술할 것이다. 그리고 마지막으로 고대 철학에서 유명한 예를 빌려 철학이 수학적인 비례 관계의 규정에 기여할 수 있다는 것을 밝히고자 한다.[8]

제1장 뉴턴 천문학의 원리에 대한 비판적 논구

1. 물리학 · 역학 · 수학

(1) 뉴턴의 오류

물리학의 이 부문(천문학)을 연구하는 사람이라면 누구나 여기서의 문제가 물리학이라기보다는 천체 역학이라는 것을 쉽게 알 수 있다.[9] 또한 천문학이 보여주는 법칙들이 실제로 자연 그 자체에서 가져오거나 이성에 의해 세운 것이라기보다는 오히려 그 근원을 다른 학문, 즉 수학에서 끌어온 것이라는 것도 쉽게 알 수 있다.[10] 같은 고장 사람이자 신의 은총을 받은 우리의 천재 케플러[11]가 행성이 자신의 궤도를 운행하는 법칙들[12]을 발견한 후 이 법칙들은 뉴턴에 의해 물리학적 근거가 아닌 기하학적 근거에서 증명되었다. 그럼에도 불구하고 뉴턴은 천문학을 물리학에 병합했던 것이다.[13] 이때 뉴턴은 구심력 또는 인력을 중력과 동일시하는데 그가 이 중력이라는 것을 처음으로 물리학의 이 부문에 도입한 것은 아니다.[14] 뉴턴 이전의 모든 물리학자(자연철학자)가 행성과 태양 사이의 관계를 참된 관계, 다시 말해 실재적 · 물리적 힘으로 간주하고 있었다.[15] 하지만 뉴턴은 우리 지상의 일부를 형성하고 있는 물체에 관해 경험이 보여주는 중력의 크기를 천체 운동의 크기와 동등하게 다루었으며 더구나 모든 것을 기하학과 미분학이라는 수학적 근거에서 논증했던 것이다.[16]

(2) 수학적 형식주의와 물리적 실재성

이와 같이 물리학과 수학을 결합하기에 앞서 특별히 주의해야 할 것이 있다. 우리는 순수한 수학적 근거를 물리학적 근거와 혼동하지 않도록 경계해야 하며, 기하학에서 작도(作圖)를 위해 보조 수단으로 사용하는 선을 덮어놓고 힘이나 힘의 방향이라고 생각하지 않도록 경계해야 한다.[17] 우리는 당연히 수학적인 것 전체가 관념적이거나 형식적일 뿐만 아니라, 실재적이기도 하고 물리적이기도 하다는 것을 인정하지 않을 수 없다.[18] 왜냐하면 수학에 의해 증명된 양의 비례 관계는 그것이 이성적 비례 관계라는 이유 때문에[19] 바로 자연 속에 내재하는 것이며 또한 이 비례 관계가 인식될 경우 그것이 바로 자연의 법칙이기 때문이다. 그런데 자연의 완전한 총체성을 도외시하고 있는 자연에 관한 분석과 설명은 전체 자연 그 자체가 지니고 있는 이성적 관계와 엄밀히 구별될 수밖에 없다. 왜냐하면 수학의 한 부문인 기하학이 시간을 사상(捨象)하고 abstrahieren 산술학이 공간을 사상한다면, 그리고 전자가 단지 공간의 원리만으로 기하학 전체를 구성하고 후자가 단지 시간의 원리만으로 산술학 전체를 구성한다면, 형식적인 전체성에 대한 인식의 원리가, 공간과 시간이 떼려야 뗄 수 없이 결부되어 있는 자연의 실제적 연관과 분리되기 때문이다.[20] 다른 한편으로 기하학에 해석학적 계산법을 도입해 공간과 시간을 통일적으로 규정할 필요성 때문에 성립된 고등 기하학[21]은 어떠한가? 고등 기하학은 무한자의 개념을 통해서 공간과 시간의 분리를 단지 부정적으로 지양하고 있지만 결코 시간과 공간의 참된 종합을 보여주지는 못하며, 그 분리를 부정하는 데서도 기하학과 산술학의 형식적 방법에서 전혀 벗어나지 못하고 있다. 따라서 우리는 한갓 수학 안에서만 실재성을 갖는 데 불과한 것에 대해 물리적 실재성을 승인함으로써, 수학의 고유하고 형식적인 인식 방법에 관계하는 것을 물리적 상호 관계와 혼동해서는 안 된다.

(3) 뉴턴 물리학에서 힘의 개념

뉴턴은 운동 법칙을 명시하고 세계 체계에서 그 실례를 끌어내고 있는 자신의 저명한 저술에《자연철학의 수학적 원리 *philosophiae naturalis princia mathematica*》라는 제목을 붙였을 뿐만 아니라,[22] 자신이 힘을 물리적 의미가 아니라 단지 수학적 의미에서 고찰함으로써 '인력', '충격', '중심으로 향하는 경향' 등의 명칭을 구분 없이 서로 뒤섞어 사용했다는 점을 반복해서 강조하고 있다.[23] 그러므로 독자는 위에서 말한 종류의 명칭을 근거로, 뉴턴이 작용의 종류나 양식 또는 물리적 원인을 책의 어딘가에 정의해놓을 것이라고 기대하지 않도록 주의해야 한다. 또한 뉴턴은 힘이 중심점을 향해서나 중심점으로 강하게 이동한다고 말하거나 그러한 힘이 중심력이라고 말하고 있지만, 수학적인 점인 중심점에 결코 진정한 물리적인 힘을 부여하지 않는다.[24]

반면 뉴턴이 물리학적으로 표현하고자 한다면 '인력'이라기보다는 오히려 '충격'이라고 해야 할 것이라고 말하고 있음을 보면, 우리는 그가 물리학을 어떻게 이해하고 있는지를 명백히 알 수 있을 것이다.[25] 그러나 우리의 견해에 따르면 충격은 역학에 속하는 것이지 참된 자연학(물리학)에 속하는 것이 아니다.[26] 이 두 학문 사이의 구별에 관해서는 나중에 좀더 상세히 서술할 것이다. 다만 여기서는 뉴턴이 수학적인 상호 관계를 측정하고자 하면서 도대체 왜 '힘'이라는 용어를 사용했는가를 이상하게 여길 수밖에 없다는 점을 상기해보고자 한다. 말하자면 현상의 크기Größen에 대한 인식은 수학에 속하지만 힘에 대한 인식은 물리학에 속하기 때문이다. 뉴턴 자신은 여기저기서 힘들의 상호 관계를 해명했다고 믿었지만 실제로는 물리학과 수학의 혼합물로 이루어진 체계를 세운 것에 불과하다. 이러한 체계에서는 물리학에 속하는 것과 물리학에 도움을 준 데 불과한 것을 구분하기가 쉽지 않다.[27]

(4) 케플러의 법칙과 그에 대한 뉴턴의 해석

케플러의 경우는 어떠한가? 그는 무게가 물체의 공통된 성질이며 달의 인력이 밀물과 썰물의 원인이라는 것을 인식하고 있었고 달의 운행의 불규칙성이 태양과 지구의 힘의 합치에 의해서 일어난다는 것도 알고 있었다.[28] 다만 나중에 보게 될 것처럼 철학과 학문에 대한 순수한 사랑과 예민한 감수성을 타고난 그가 중력·구심력·원심력 등을 설명하면서 발생하는 혼란을 견뎌낼 수 있었다면 그가 발견했던 불멸의 법칙의 물리학적인 형태에 단순히 수학적 표현을 부여하는 것은 아마도 그리 어렵지 않은 일이었을 것이다.[29] 케플러가 세운 법칙은 '회전하는 물체의 동경(動徑)이 그리는 면적은 운동 시간에 비례한다'[30]는 것인데 그는 이 법칙을 다음과 같이 물리학적 법칙의 형식으로 변형할 수 있었다. 즉 중력은 동일한 부채꼴에 속하는 원의 호Kreis-Bögen에 비례한다는 것이다. 또한 원 A와 원 a 전체의 면적이 반지름 R과 반지름 r의 제곱에 비례할 때 $\frac{1}{A}$ 과 $\frac{1}{a}$ 의 비는 r^2 과 R^2 의 비(즉 $\frac{r^2}{R^2}$)와 같게 된다. 결국 $\frac{1}{A}$ 과 $\frac{1}{a}$ 이 운동의 크기를 표현하기 때문에, 또는 이렇게 말해도 좋다면 $\frac{1}{A}$ 과 $\frac{1}{a}$ 이 구심력의 크기를 표현하기 때문에 케플러는 중력 또는 구심력은 반지름 또는 거리에 반비례한다고 말할 수 있었던 것이다.[31]

그런데 '회전하는 물체가 고정된 힘의 중심을 향한 반지름에 의해 그려놓은 면적은 도리어 회전 시간에 비례한다' 는 명제에 대한 증명으로 뉴턴이 제시한 것을 참된 증명이라고 간주하려는 사람은 자신의 경신(輕信)으로 인해 곤란에 처하게된다. 왜냐하면 뉴턴의 증명에 따르면 호와 면적 모두 시간에 비례한다고 하지만 실제로 시간에 비례하는 것은 결코 호가 아니라 면적이라는 것을 증명하는 데 불과했기 때문이다.[32]

(5) 힘의 분할

나는 그 유명한 '힘의 분할' 이라는 명제가 수학적 증명에는 대단히 유용하다고 생각하지만 자연에 대한 이해력은 전혀 없다고 본다. 왜냐하면 기계적 운동의 방향이 대립하는 힘의 여러 방향에서 생기는 경우, 살아 있는 힘의 방향이 반대의 힘으로부터 생겨나는 일은 있을 수 없기 때문이다. 자신과 무관한 힘이 물체를 움직이는 기계적 관계는 살아 있는 힘과 명백

하게 구별되어야 한다.[33]

일찍이 뉴턴은 자연이 단순한 것으로 가지려한 빛을 부분들로 분할했다.[34] 이제 그는 또 다른 '단순한 것'인 힘을 해체하여, 이들 힘의 양Größe에 관한 정리를 세우기 위해 이용하는 선들을 힘이라 부른다. 그 때문에 자연이 알지 못하는 그 많은 힘들이 수학적 처리를 통해 어떻게 생겨날 수 있는지에 대해 물리학자들이 놀라는 것도 당연하다.

역학과 천문학 등 거의 모든 과학이 방금 말한 힘의 분할과 '힘의 평행사변형의 원리' 구성에 바탕을 두고 있기 때문에[35] 그 자체로 완전하고 자연 현상과도 일치하는 이 위대한 과학은 앞서 말한 가설을 증명하고 있는 것처럼 보인다. 그 결과 방금 말한 이 원리는 비록 그 자체로 본다면 어떤 적절한 근거를 가지고 있지는 못하더라도 다양한 효용이 있음은 분명하므로 커다란 신뢰를 얻게 된다. 어찌 되었든 힘의 작용이 무엇이든 왜 그것을 사각형으로 표시해야 하며 왜 힘에 관한 모든 규정을 사각형의 구조에서 생기는 비례 관계로 표시해야 하는가에 대한 참된 이유를 우리는 나중에 알게 될 것이다.[36]

여기서는 다만 다음의 것을 지적하고자 한다. 직선이나 곡선으로 그려지는 단순한 자연 현상이 여러 선들로 해체된다면 이는 하나의 수학적 요청일 것이고, 그러한 요청은 수학에 도움이 되는 다양한 유익함에서 비롯했을 것이다. 그러나 (수학의) 이러한 원리는 다른 과학에 의존한다. 더구나 우리는 하나의 원리를 그 효용이나 결과에 따라 평가해서는 안 된다. 또한 우리는 이 요청에 따라 선으로 표시되는 힘의 방향을 몇 개의 선으로 분할하고, 이렇게 해서 그어진 선에 대해서 그 절차가 수학적으로 편리하다는 이유만으로 물리학적인 의미를 부여해서는 안 된다.

2. 대립하는 두 개의 힘

(1) 기하학적 추리

구심력이 중력과 구별되는 한, 사실 구심력과 원심력은 운동 방향을 수학적 선으로 해소하는 앞서 말한 방법과 기원이 다르지 않은 것처럼 보인다. 왜냐하면 이 경우 무한소의 원호가 평행사변형에 내접하고 그 결과 이 평행사변형의 대각선을 이루기 때문이다. 그런데 평행사변형의 각 변(구성 요소)은 우선 탄젠트와 결국은 그와 같은 것인 현 또는 사인이고, 다음으로는 버스트 사인(Sinus Versus)과 궁극적으로 그와 같은 것인 시컨트이다. 이것들에 물리적 실재성이 부여됨으로써 한쪽의 탄젠트는 원심력으로 정립되고 다른 쪽의 버스트 사인은 구심력으로 정립된다.[37] 우선 원심력의 실재성을 검토해보자.

물론 탄젠트의 기하학적 필연성이 결코 탄젠트의 물리적 힘의 필연성을 보증해주지 못하는 것은 분명하다. 순수 기하학은 원의 참된 형식을 전혀 변경하지 않는다. 또한 기하학은 원둘레 그 자체를 반지름을 통해 비교하거나 식별하는 것이 아니라 원둘레의 반지름에 대한 비례 관계가 규정하는 여러 선을 비교하고 식별할 뿐이다. 그런데 원을 계산에 내맡기고 원둘레의 반지름에 대한 비례 관계를 수로 표현하고자 하는 기하학은 무한히 많은 면을 가진 정사각형의 가설에 의존하면서 무한이라는 개념[38]을 통해 다각형 그 자체와 직선을 동시에 지양하게 된다. 그렇지만 원을 다수의 직선으로 해체하는 이러한 방법에 바탕을 둔 기하학 자체가 이 개념을 단지 하나의 가설로만 취급한다면 이들 직선은 평행사변형이 무한소로 축약됨에 따라 소실되어버릴 터인데, 그렇다면 도대체 어떻게 기하학이 이러한 선의 물리학적 실재를 바탕으로 삼을 수 있단 말인가?[39]

(2) 원심력의 물리적 실재성

나아가 우리가 기하학적 증명 없이 원심력의 물리적 실재성을 문제 삼을 경우, 일찍이 뉴턴이나 모든 영국인이 역사상 최상의 철학이자 유일무이한 철학이라고 간주하고 있는 저 실험 철학[40]이 원심력을 철학적으로 구성하리라 기대해서는 안 된다. 영국인들은 이 힘의 가설을 오로지 경험만으로 증명할 수 있다고 생각하고 있으며 증명하려 한다. 그러나 그들이 끌어들이고 있는 실례만큼 진부한 것도 없다.

특히 뉴턴과 그의 추종자들은 투석기가 돌리는 돌을 인용하고 있다. 돌은 투석기를 돌리는 사람의 손에서 떨어져 나가려 하므로 투석기의 끈을 한껏 잡아당겼다가 풀어놓으면 곧바로 날아간다는 것이다.[41] 나아가 그들은 원심력을 설명하기 위해 다른 사례, 즉 산꼭대기에서 대포의 화약 힘에 의해 일정한 속도로 수평 방향으로 발사되어 지상에 떨어지기까지 곡선으로 2마일의 거리를 날아가는 포탄의 사례를 들고 있다. 그들은 속도를 빠르게 함으로써 포탄이 날아간 거리를 마음대로 늘릴 수도 있고 포탄이 그리는 탄도의 곡률을 줄임으로써 포탄이 10도, 30도, 90도의 거리에 떨어지게 할 수도 있을 것이다. 또는 심지어 지상으로 결코 떨어지지 않은 채 하늘에서 비행 운동을 지속하게 할 수도 있을 것이다.[42] 후자의 예는 앞의 사례 없이도 누구나 상상할 수 있는 직선 운동의 개념을 보여준다. 두 사례는 모두 투사 행위에서 직선 운동의 개념을 보여주는데 우리는 원심력에 대한 정의를 통해서 가장 간단하게 이 개념에 이를 수 있다. 이 경우 원심력은 물체를 일직선으로 추진하는 힘으로 정의된다. 그러나 이 두 사례 모두 자연 속에 이러한 성질을 갖는 힘이 존재한다는 흔적조차 보여주지 않는다.

(3) 힘의 동일성과 구별에 관한 참된 철학적 개념

그 결과야 잘못될 수밖에 없고 쓸모 없을 수밖에 없지만 철학이라는 이름을 참칭하는 실험적 방법이 여러 가지 실험을 통해 인식하고자 시도한 것을 철학은 스스로 아 프리오리a priori하게 연역할 수도 있을 것이다. 그런데 그와 같이 연역해낼 경우 실험적 방법은 맹목적인 열정을 가지고 지각 속에서 참된 철학적 개념의 그림자를 찾고 있는 것에 불과하다.

무지하기 짝이 없는 이 철학은 막연하게, *끄*는 힘과 밀쳐내는 힘의 대립을 관찰하면서 이 이론을 운동에 적용했을 뿐이다.[43] 그러나 철학은 힘의 이러한 구별을 물질의 본성에 속하는 것으로 간주한다. 무게 혹은 동일성 그 자체가 이들 힘의 전제 조건을 이루고 있다는 의미에서 더욱 그렇다.[44] 이러한 근거에서 보았을 때 왜 행성 운동의 구조가 큰 오류를 범하고 있는지 명백하다. 왜냐하면 앞서 말한 원심력은 직선 방향으로 작용하며, 어떤 원인도 중심 물체의 내부에 깊이 내재해 있는 것이 아니라 다른 물체에 전가되기 때문이다.[45] 따라서 이들 대립하는 힘[46] 사이에는 어떤 결합의 원리도 있을 수 없다. 또한 이들 힘이 모순되고 대립적인 성격을 지니고 있기 때문에, 왜 그러한 힘들이 일직선상에서 대립되어 있지 않고 직선을 둘로 나누는 일정한 각에 따라 서로 대립하게 되는가를 해명할 수 없다. 이들 힘에는 공통의 원리가 결여되어 있기 때문에 그것들이 단지 공상적인 것에 불과하며 결코 물리적인 힘이 아니라는 데는 의심의 여지가 없다. 따라서 이 실험 철학은 어떤 공통 요소도 없이 서로 저항하는 힘들로써 현상을 구성하고자 할 때 참된 철학에서 나타나는 대립하는 힘들[47]을 증거로 삼지 않는 게 좋을 것이다. 왜냐하면 참된 철학에서 말하는 이들 힘의 관계는 전혀 다른 의미를 갖기 때문이다.[48]

참된 철학은 실험 철학의 원리를 거부한다. 왜냐하면 실험 철학의 원리는 다름 아닌 역학에서 빌려온 것이기 때문이다. 그런데 이 역학은 죽어 있는 물질 속에서 자연을 위조하여 서로 완전히 상이한 여러 힘들의 종합을 어떤 물체에나 적용한다. 그러나 우리는 자연 자체를 인식하기 위해 자연을 위조하는 데 힘쓰는 것을 단호히 중단해야 하며 물리학에서 우연이나 자의가 감히 자리를 차지하지 못하도록 해야 한다.[49] 태양, 행성, 혜성의 운동을 구심력과 원심력의 비례 관계로 설명하려 한다면 우리는 태양, 행성, 혜성이 필연성에 의해서가 아니라 우연히 존재하게 되었다고 말할 수밖에 없을 것이다.[50]

(4) 참된 기하학에서 부분과 전체

비록 실험 철학이 중심으로 끌어당기는 힘의 개념과 접선력의 개념[51]을 기하학적·물리학적 증명에서 끌어오긴 하지만, 절대적으로 대립된 현상들로 구성하는 이러한 방법을 결코 기하학적 방법과 동일시해서는 안 된다. 왜냐하면 기하학은 직각이나 일정한 각도로 서로 교차하는 선을 가지고 원이나 어떤 다른 곡선을 구성하려는 게 아니라 고찰의 대상인 원이나 어떤 다른 곡선을 주어진 것으로 전제하고 이렇게 주어진 것으로부터 나머지 선들의 관계가 어떻게 규정되어야 하는가를 보여주려 하기 때문이다. 물리학은 기하학의 이러한 참된 방법을 모범으로 삼아야 할 것이다. 왜냐하면 물리학은 우선 전체를 정립하고 그로부터 부분들 사이의 관계를 연역하지만 결코 서로 대립하는 힘들, 즉 부분들로부터 전체를 구성하려고 하지는 않기 때문이다. 그렇다면 앞서 말한 물리학적 천문학은 수학을 따르는 것 외에 달리 어떻게 그것의 수학적 법칙에 이를 수 있을 것인가? 천문학은 원심력·구심력·무게에 대해 논하는 것처럼 보이는 부분에서도 실제로는 항상 (자연 현상) 전체에 대해 진술한다. 기하학이 어떤 선을 두제곱의 합의 근과 동일시할 경우 그것은 어떤 임의의 개별화한 선에 관해 말하는 것이 아니라 빗변에 관해, 즉 직각삼각형이라는 전체가 규정하는 하나의 부분에 관해 말하고 있는 것이다. 이 경우 기하학은 그 부분을 나머지 부분과 구별하듯이 전체와도 구별한다.[52] 마찬가지로 구심력, 원심력, 중력의 크기를 가지고 전체 운동의 동일한 현상을 규정함으로써 우리가 중력의 크기를 가지고 어떤 문제를 해결했는지, 구심력의 크기를 가지고 어떤 문제를 해결했는지, 아니면 원심력의 크기를 가지고 어떤 문제를 해결했는지는 상관없게 되어버린다. 이 경우 앞서 말한 각각의 다른 힘들은 우리가 포기하는 편이 더 나은, 한갓 이름에 불과한 것이 된다. 왜냐하면 이러한 구별을 무의미하게 함으로써 현상을 설명하는 데 온갖 혼란과 불명료함이 발생하기 때문이다.

(5) 원심력과 구심력의 동일성

이 천문학에서는 명백한 모순이 발견된다. 왜냐하면 사람들은 구심력에 의해 일어나는 것을 버스트 사인을 통해서 설명하고, 원심력에 의해 일어나는 것을 탄젠트를 통해서 설명하면서 동시에 이들 두 힘을 서로 동일시하기 때문이다.[53] 이러한 모순을 해소하기 위해 발생하는 양의 최초의 비(比)나 소멸해가는 양의 최후의 비[54]에 호소할 수는 없다. 이들 비에서 호(弧)와 버스트 사인과 탄젠트의 상호 관계는 동등성의 관계가 될 것이고 그렇다면 이러한 선들은 서로간에 적용될 수도 있을 것이다.[55] 좀더 자세히 말하면 호, 버스트 사인, 탄젠트

뿐만 아니라 앞에서 다루어진 이들 힘의 구별에 대해서도 전혀 존재할 여지가 없게 될 때 최초의 비와 최후의 비는 더 이상 존재하지 않는 동등성의 관계가 되기 때문이다. 그러므로 운동 전체의 양을 실제로 한쪽 또는 다른 쪽의 양으로 표현할 수 있을 때 비로소 원심력은 구심력과 동등한 것이 된다. 그렇다면 이 양쪽의 관계와 구별, 명칭은 공허한 것이 되어버린다.

구별이 무의미해졌다는 것과 관련해서 말한다면, 우선 구심력과 중력이 동일하다는 것을 알 수 있다. 뉴턴은 오로지 이 두 힘이 동일하다는 것만을 증명하고자 노력했다. 따라서 현상 전체를 중력으로 환원하고 중력의 두 요인으로서 구심력과 원심력을 정립하는, 천체 운동이라는 현상에 대한 물리학적 구성이 중요하다. 왜냐하면 이미 이들 요인의 한쪽이 힘 전체와 동일시되기 때문이다. 나아가 구심력이 거리에 반비례한다는 구심력의 법칙[56]은 원심력이라고 간주되는 접선 방향을 이미 포함하고 있을 것이다.[57] 왜냐하면 (뉴턴에 따르면) 운동의 총량은 이러한 관계 속에 있기 때문이다. 다시 말하면 원운동이 중심점 쪽으로 당겨지는 데서 야기되는 것이 아니라 오히려 중심으로 향하는 운동과 접선 방향의 운동이 함께 구성하는 것이다.[58] 그런데 운동의 총량이 구심력으로 산정되고[59] 더구나 구심력의 크기에 의해 규정된다고 한다면, 구심력은 명백히 원심력과 대립하는 것이 아니라 오히려 현상 전체가 오직 이 힘에 의해서만 표현된다고 해야 할 것이다. 따라서 구심력의 작용은 접선이 하나의 요인이 되는 삼각형 전체의 면적 또는 (원의) 부채꼴로 표현된다.

그런데 수학적 비례에서 하나의 힘이 다른 하나의 힘과 동일시되거나 전체로 정립되는 것은 불가피한 일이다. 그와 마찬가지로 대립하는 힘의 총량은 한쪽의 힘이 실제로 작용했던 것으로만 측정될 게 아니라 이 한쪽의 힘이 대립하는 힘에게 방해받지 않는 한, 그 힘이 작용해서 만들어 낸 결과를 가지고도 측정되어야 한다는 것은 분명하다. 따라서 산정할 때 다른 쪽의 힘이 야기한 결과가 그때마다 양쪽의 힘에 가산되지 않으면 안 될 것이다. 따라서 구심력의 실제 크기는 버스트 사인으로만 표시될 것이 아니라 탄젠트나 탄젠트와 버스트 사인이 만들어낸 대각선으로도 표시되어야 한다. 그것은 마치 원심력의 실제 크기가 탄젠트로만이 아니라 버스트 사인으로도 또는 그 둘이 만들어낸 것으로도 표시되어야 하는 것과 마찬가지다. 그러므로 원심력도 거리에 반비례한다고 주장해야 한다. 이 때문에 우리가 현상을 구심력이나 원심력으로 환원한다면 어떠한 문제도 항상 동일하게 해결될 것이다.[60]

두 힘이 각각 거리에 반비례한다는 법칙에 따르면 동역학적 물리학[61]은 운동 구조상 대립을 필요로 하지만 앞서 말한 두 힘은 서로 같은 대립 관계 속에 있지 않다는 점이 분명해진다. 왜냐하면 서로 대립해 있는 힘들 중 한쪽은 증대하는 반면 다른 쪽은 감소하기 때문이다.[62] 여기에서 버스트 사인과 탄젠트는 동시에 증대하거나 감소하게 된다. 이때 우리는 현상 전체가 우선 두 힘 중 어느 하나에 의해서도 기술되고 규정된다는 것, 그리고 이 두 힘이 참된 원리와 (두 힘의) 동일성을 형성하는 어떤 제3의 힘에 의존하고 있다는 사실을 알 수 있다. 이것이 의미하는 것은 구심력과 원심력 모두 정의할 수 없고 따라서 어떤 현상도 이들 두 개의 요인으로 구성되어 있지 않으며 다만 운동 현상 전체의 양만을 확정할 수 있을 뿐이라는 사실이다.

(6) 두 힘을 구별함으로써 발생하는 불합리한 결론

ㄱ. 속도의 변화

구심력과 원심력의 대립과 버스트 사인과 탄젠트로 이 두 힘을 서술하는 것이 얼마나 참된 의미를 결여하고 있는지는 타원 회전을 하는 동일한 물체의 속도 변화를 설명할 때 가장 명백하게 드러난다. 왜냐하면 타원에서는 구심력을 표시하는 동경과 원심력을 표시하는 탄젠트의 비가 언제 어디서나 동일할 수 없으므로 속도의 변화는 결국 힘의 균형이 어지럽혀져 있다는 것으로 설명되어야 하기 때문이다.[63] 물론 (삼각형의) 중선에 있는 두 점 각각에 대해서 동경과 탄젠트의 비는 서로 같고 속도도 서로 같은 데 반해, (행성궤도의) 동경과 탄젠트의 비는 원일점에서는 대립되어 있고 근일점에서는 서로 같지만 속도의 비는 완전히 다르다. 여기서 우리가 이 점에 대해, 그리고 이 점 때문에 특별히 이상하게 생각하는 것은 모든 고찰이 수학적 증명에 바탕을 두고 있음에도 불구하고 앞에서 서술한 것처럼[64] 원심력이 거리의 제곱에 반비례한다고 주장한다거나 심지어 거리의 세제곱에 반비례한다고 주장하는 사람[65]도 있다는 사실이다.

개개의 행성뿐만 아니라 회전하는 모든 물체의 상이한 속도를 설명하려는 이 방법에서는 항상 경험론의 동일한 논거, 다시 말해 순환 논증이 모습을 드러낸다.[66] 다시 말하면 행성의 속도 차이는 힘의 정도 차이로부터 인식되고 힘의 정도 차이는 행성의 속도 차이로부터 인식된다.[67]

ㄴ. 적도 아래에서 진자의 진동 속도의 감소

다음으로 원심력과 관련하여 잘 알려진 다른 적용 사례에 대해 살펴보기로 하자.[68] 위도가 낮아짐에 따라 진자가 느려지는 현상을 사람들은 흔히 원심력을 가지고 설명하면서 앞서 말한 철학에 근거해 위도가 낮은 곳에서 중력이 약해진다고 주장한다.[69] 적도에서 중력이 감소한다는 것과 중력의 증가가 위도의 사인의 제곱에 비례한다는 것을 이러한 현상에 대한 설명으로 인용한다. 그리고 적도에서 구심력은 중력과 같지 않고 원심력의 반작용 때문에 289분의 1만큼 감소하게 된다고 한다. 이 비율은 다음과 같이 산출된다. (지구의) 중심에서부터 측정해서 19,695,539피트[70]의 거리에 있는 물체가 하루에 23시간 56분 4초로 등속 운동을 할 때 그것이 한 시간에 그리는 원호는 1,436.2피트의 길이가 되고 그 버스트 사인은 0.0523피트 또는 7.54라인이 된다. 그런데 파리의 위도에서 물체의 낙하는 1초에 대략 15.5피트 또는 2,174라인이 된다.[71] 구심력은 낙하하는 물체가 주어진 시간에 통과하는 거리에 의해 계산되기도 하고 한편으로 버스트 사인에 의해 주어지기도 하므로 최초의 버스트 사인과 마지막 버스트 사인 사이에 원심력이 적도에서 중력의 289분의 1이 되는 정도의 차이가 발생하게 된다. 이 분량은 이미 보았듯이 접선으로 표시된 원심력에 부가된다.[72)]

우리는 한쪽의 힘이 임의로 다른 쪽의 힘과 교환될 수 있다는 것을 알고 있으며, 이들 두 힘을 각각 서로 치환해도 법칙이 전혀 변경되지 않는다는 사실을 알고 있기 때문에 극미한 두 개의 버스트 사인을 구심력의 작용이라고 간주해 중력에 합산하는 것을 방해하는 일은 없을 것이다. 그리고 중력이 앞서 말한 분수만큼 증가하고 감소하지 않는다면 우리는 적도에서 진자의 진동이 방해받고 위도가 낮아짐으로써 물체의 중량이 감소하는 것이 아니라 증가한다고 말할 수 있을 것이다. 이러한 방식으로 현상의 측정과 설명은 결국 같게 된다.

경험에 따르면 위도가 낮아짐에 따라 시계의 진자는 점점 느리게 진동하고 이 진동은 물체의 낙하를 일으키는 중력에서 나오기 때문에 실험 철학자들은 일정한 길이와 일정한 중량을 가진 진자의 감속 운동 때문에 중력이 감소한다고 생각한다. 그러나 진동하는 물체의 운동은 결코 단순한 낙하가 아니다. 오히려 일정한 지점에 매여 있는 진자는 고정점에서 떨어진 것이 아니라 옆으로 휘어서 떨어졌기 때문에 직선을 따라 직접 낙하하지 못하는 것이다.

이 때문에 수직선 방향은, 우리가 그렇게 생각하고자 한다면, 구심력과 원심력(그것이 수평선의 방향 또는 탄젠트의 방향을 만들어낸다고 해도 좋지만)에 의해 곡선으로 변화하게 된다. 그렇다면 적도에서 진동이 느려지는 것을, 수직 낙하선 및 수평 운동의 일탈이, 이렇게 말해도 좋나면, 석노에서의 원심력을 한층 강하게 방해함으로써 발생한다는 것으로 설명해서 안 될 까닭이 있는가? 또한 위도가 낮아짐에 따라 구심력이 한층 강한 견인력을 갖게 되고 이 때문에 더 집요하게 수직선 방향으로 향하는 경향을 보여주는데, 이 때문에 수직선을 벗어나 평행점을 지나게 되면 한층 강한 진동으로 나아가게 되어 수직선을 반대 방향으로 빠르게 회복시키려 한다고 설명 못할 까닭이 있는가?[73] 우리는 이로부터 진자에 관한 앞의 해석이 직경이 지축보다 짧은 적도에서 극 방향으로 융기해 있는[74] 지구의 형상과 멋지게 일치한다고 결론 지을 수 있다.[75] 따라서 더 낮은 위도에서 매달려 있는 진자는 더욱 큰 질량에 가까워져서 더욱 강하게 끌어당겨지고 그 결과 한층 큰 중량 때문에 지구 쪽으로, 즉 수직선 방향으로 더욱 강하게 향하게 된다.[76] 이 때문에 진자는 이 수직선 방향에서 그렇게 쉽게 벗어나시 옆으로 흔들릴 수 없을 것이나. 이에 반해 위도가 더 높은 곳에서는 물체를 끌어당기는 질량이 훨씬 약하기 때문에 물체는 쉽게 옆으로 흔들리는 운동을 할 수 있을 것이다.[77]

3. 물질과 무게

(1) 중력 산정의 어려움

운동을 일으키는 힘과 가속하는 힘에 대한 뉴턴의 구별[78]을 여기서 논의하는 것은 지나친 일일지 모른다. 뉴턴은 이 두 힘을 상호적으로 사용함으로써 두 힘의 차이를 감추고 있는 것처럼 보인다. 왜냐하면 그는 널리 알려진 대로 구심력의 법칙을 달의 운동이라든가 위성을 동반한 행성의 운동에 적용하면서 질량을 전혀 고려하지 않기 때문이다. 따라서 앞서 말한 만유인력의 법칙은 한갓 운동 현상의 법칙일 뿐 결코 힘의 법칙이 아님이 분명하다. 왜냐하면 힘에 의해 야기된 것은 당연히 힘의 법칙들에만 의존하는 것이 아니라 질량[79]에도 의존하기 때문이며 현상들이 단지 힘의 법칙들과 같을 수는 없기 때문이다. 물론 어떤 사람들[80]은 만유인력의 법칙을 달의 운행에 적용해 설명할 때 달과 지구 질량의 비를 끌어들이기도 한다. 그러나 그들은 결론적으로 각기 다른 행성들의 질량이, 단지 힘에만 관계된다고 하는 이 법칙에 어떤 변화도 주지 않는다고 억측한다. 행성의 질량은 태양의 질량에 비해 매우 작다는 것이 그 이유다. 또한 그들은 이러한 관계가 위성과 그 위성이 회전하고 있는 행성을 비교할 경우에도 성립한다고 생각한다. 그들은 위성의 속도로부터, 그리고 위성과 행성의 거리에 대한 이 속도의 비로부터 행성의 밀도를 산정함과 동시에 행성에 적용되는 동일한 비로부터 태양의 밀도를 산출한다.[81]

현상을 설명하기 위해 구심력과 원심력은 서로 치환될 수 있고 중력의 감소는 그것의 증대와 서로 치환될 수 있다는 것은 이미 지적했다. 이와 마찬가지로 중력의 감소로써 설명되는 현상들은 중력의 증대로써도 설명될 수 있을 것이며, 마찬가지로 인력Gravitationskraft 거리의 제곱에 반비례한다는 법칙[82]에 대해서도 역으로 인력은 거리의 제곱에 정비례한다고 말할 수 있다. 왜냐하면 거리가 증대함에 따라 무게가 감소한다고 주장할 경우 우선 중력을 규정하는 데 필요한 하나의 요인, 즉 속도가 고려될 텐데, 속도는 거리가 증대함에 따라 감소하므로 무게가 감소한다고 사람들은 말하기 때문이다. 그러나 동시에 우리는 힘의 크기를 그 힘이 작용하는 거리의 크기로부터 산정해야 하므로 두 배의 거리에서 작용하는 힘에 대해선 네 배의 크기를 예측해야 할 것이다. 그러므로 중력의 법칙이, 흔히 이해되는 것처럼 힘의 증감이 오직 주어진 속도의 크기에 의해서만 설명된다면, 그리고 이 경우 이 힘의 증감 관계를 규정하기 위해, 또는 이 증감 자체에 대한 인식을 예측하기 위해 결코 거리가 고려되지 않는다면(만유인력의 법칙이 이와 같이 표현된다면) 우리는 힘의 크기를 예측할 때 속도를 동일한 정당성을 가지고 무시할 수 있고, 더 먼 거리에서 작용하는 힘이 더 강한 힘이라고 할 수 있으며, 또한 이 힘은 거리에 정비례한다고 주장할 수 있을 것이다.[83] 거리와 중량이라는 지레의 두 요인은 서로 반비례하는데 지레의 경우 중력은 거리가 늘어남에 따라 임의로 증가하거나 감소한다고 할 수 있다. 다시 말해 거리가 늘어나면, 이것과 균형을 맞추기 위해 뉴턴이 운동을 일으키는 힘이라고 불렀던 중량이 줄어들게 되고 그 결과 중력은 감소하게 된다. 또한 거리가 늘어나면 중력도 그만큼 증가하게 되는데, 이것은 거리가 늘어남에 따라 동일한 중량이 증대하는 힘에 상응하기 때문이다.[84)]

(2) 참된 두 계기의 통일로서의 무게의 개념

이상으로부터 우선 원심력과 구심력의 구별은 공허하며 또한 구심력과 원심력의 자칭 법칙이라는 것이 실은 물리학적인 형태와 힘의 개념에 의해 못쓰게 되어버린 수학적 법칙이라는 사실이 명백해진다. 또한 증가나 감소가 중력에 잘못 전가되고, 더욱이 양eine Quantität과, 공간이든 시간이든 그 어떤 다른 대상에 대한 양적인 관계 모두 무게 자체에는 해당되지 않는다는 사실이 명백해진다. 무게는 공간과 시간이라는 두 계기Faktor, 또는 이렇게 말해도 좋다면 정지해 있는 공간과, 운동에 의해 시간 속에서 산출되는 공간이라는 두 계기의 형식으로 존재하는 자기 동일적인 것으로 간주되어야 한다.[85)] 그렇지만 모든 양적 구별이나 양적 비율 관계는 둘 중 한쪽이 줄어들면 다른 쪽이 늘어나는 두 계기 모두에 해당한다. 또한 이 두 계기가 동일한 법칙에 있는 것이 아니라면 그것들 사이에는 어떠한 비율이나 비례 관계도 성립하지 않을 것이다. 그러나 이 두 계기의 절대적 동일성은 변하지 않을 것이다. 다시 말하면 늘어나지도 줄어들지도 않을 것이다.

케플러는 실제로 증대할 수 있고 혹은 감소할 수 있는 이 두 계기의 관계를 정립하면서도, 이 두 계기의 순수한 관계와 참으로 천상적인 표현을 아무런 크기를 갖지 않는 무게라는 '양규정 Größenbestimmung'을 가지고 왜곡하지 않았다. 이렇게 볼 때 우리는 케플러의 예지와 재능이 얼마나 순수했는지 알 수 있다. 그러나 앞서 말했듯이 뉴턴이 도입한 수학과 물리학의 혼합은 교양인들에게 수학이라는 산을 천문학에 의미 있게 성공적으로 적용할 것을 적극 권했던 것이다. 그래서 중력(에 관한 학설)은 일반 대중의 주목을 받게 되었다. 왜냐하면 대중은 케플러와 다른 철학자들이 제시했던 보편타당한 세계의 힘을 통해 중력을 알게 된 것이 아니라 일상의 힘을 통해서 중력을 알게 되었기 때문이다. 돌이 지상으로 떨어지듯이 그렇게 천체는 궤도를 따라 운행한다고 한다. 이 점과 관련해서는 특히 뉴턴의 눈앞에서 떨어진 사과에 관한 불행한 이야기가 널리 알려져 있다.[86] 대중은 천상계에 대한 강한 확신을 얻게 되었지만 이때 완전히 잊혀진 것은 전 인류의 불행과 트로이의 불행 역시 사과가 가져왔으며 사과야말로 철학적 학문을 위해서도 불길한 징조라는 사실이다.

학문으로서 천문학이 수학에 관계되는 한, 많은 부분에서 그 기원은 뉴턴으로 거슬러 올라간다. 그렇다고 해도 우리는 뉴턴이 수학적 관계를 가렸던 물리학이라는 옷을 그 수학적 관계에서 벗겨내야만 하고, 수학적 관계 속에 들어 있는 참된 것을 철학의 입장에서 해명하지 않으면 안 된다. 나는 영국적 우수성의 유일한 성과이자 이 우수성을 자신들의 저서에서 표현했던 뉴턴, 로크 등의 유일한 성과인 실험 철학에 관해서 하나의 사례를 들고자 한다.

(3) 뉴턴의 허위를 보여주는 하나의 사례 — 중량과 형상의 독선적 자립성

데카르트René Descartes와 아리스토텔레스 그리고 다른 여러 철학자들의 주장에 따르면 물체의 중량은 물질의 고유한 형상에 좌우된다.[87] 뉴턴은 이 주장을 논박하고, 중량이 형상과 관계하는 것이 아니라 물질의 양에 비례한다는 것을 증명하기 위해 다음과 같은 실험을 했다. 그는 동일하게 무거운 중량을 가진 금 · 은 · 모래 · 밀 등을 공기의 저항을 피하기 위해 각각 두 개의 동일한 그릇에 넣어서 길이 · 중량 · 형태 · 공기 저항이 모두 완전히 동일한 진자를 만들었다.[88] 형태 · 길이 · 공기 저항이 완전히 동일한 이 진자를 통해 무엇이 밝혀졌을까? 중량의 동등인가 차이인가? 뉴턴은 물체의 중량을 동일하게 놓고 보았을 때 진동하는 물체의 중량도 동일하다는 것을 운좋게 발견했다. 동시에 그는 이런 종류의 실험 방식과 철학하는 방식을 통해, 동일한 물질에 대해 그토록 상이한 형태들을 가정하는(동일한 물질이 단지 생긴 게 달라 차이가 난다는 것을 가르치는) 앞서 말한 철학자들을 논박했다고 믿었다. 이 하나의 사례에서 참된 철학이 도대체 무엇을 원하는지 저 실험 철학은 전혀 모르고 있다는 것을 우리는 알 수 있다. 동일한 원리에서 구심력과 원심력의 참된 근원도 해명될 것이다.

(4) 물질의 개념 — 물질과 힘의 관계, 뉴턴주의의 신

역학은 자연의 생명과 구별되며,[89] 바로 이 이유 때문에 역

학에 있어 물질은 '관성력Trägheitskraft'이라고 불리는 죽음 외에 어떤 다른 근원적인 개념을 가질 수 없다. 그것은 바꿔 말하면 정지나 운동에 관해 무관심하다는 것을 의미한다. 물질은 절대적으로 대립되어 있는 것, 즉 객관의 가장 추상적인 개념과 다름없다.[90] 이 때문에 그들(뉴턴과 그의 제자들)은 물질 안에서 지각되는 온갖 다양성과, 운동을 통해 비로소 나타나는 다양성조차 어딘가 다른 곳에서 끌어오지 않으면 안된다. 그들은 무게가 모든 보편적인 물질의 속성이라는 사실을 실험과 귀납법을 통해 인식한다. 뉴턴이 제시했던 '철학적 원인 분석의 규칙 2'에 따르면 자연에서 동일한 종류의 결과의 원인은 같다.[91] 그것은 예를 들어 유럽에서의 돌의 낙하와 미국에서의 돌의 낙하는 동일한 원인에 의한 것이라고 간주해야 하는 것과 마찬가지다. 결국 규칙 3에 따르면 실험을 통해 발견할 수 있는 한, 물체에 속한 성질은 모든 물체의 성질로 간주되어야 한다.[92] 그런데 물질이 무겁다는 것을 경험으로 알 수 있고 지상으로 떨어지는 돌의 무게 관계는 천체, 특히 우리 내앙세에 속해 있으면서노 시상으로 별어시시 않는 물제의 경우와 다르다는 점이 명백하기 때문에 그들은 이러한 현상을 설명하기 위해 원인으로서의 다른 힘, 즉 원심력을 제시한다.

무게의 본성과 충격의 본성 모두를 그들이 원심력이라고 부르는 무한한 수평선에다 내맡겨버려 원인을 알지 못하는 철학은 모든 것을 신의 섭리에 내맡기지 않을 수 없게 된다.[93] 그러나 우리는 이 철학에 대해, 신과 신의 이성적 섭리에 관해 올바르게 철학적으로 사유함과 동시에 설령 자연에 관해 무지하다고 해도 적어도 신에 관해서는 참되게 인식할 것을 요구할 수는 있다.[94] 신의 작용은 외적이거나 기계적이지도 않고 자의적이거나 우연적이지도 않다. 따라서 신이 물질에 부여했다고 그들이 주장하는 힘들은 사실은 물질에 고유한 것이고 물질의 본성이 그 힘들을 통해 규정된다는 것은 분명하고 확실하며, 대립되는 힘들의 원리가 물질의 본성에 내재적이고 내면적이라는 것도 분명하고 확실하다.[95] 그러나 역학이 신이나 참된 힘에 관해서 알지 못하고 내면적이고 필연적인 것에 관해서도 인식하지 못한 채, 관성적인 물질이 항상 외적인 자극에 의해, 또는 같은 말이지만 물질이 외면적인 힘들에 의해 움직인다고 한다면, 이때 역학은 이러한 개념(물질의 본성)을 비켜 가고 있는 것이다. 역학은 외적인 원인에만 관계하고 자연의 개념을 이성적으로 파악하지 못하기 때문에 제 자신 안에 차별성을 정립하는 동일성의 원리까지는 뚫고 들어갈 수 없다. 그러한 원리는 철학에 다시 맡겨졌으며 결국 철학이 그것을 회복시켰던 것이다.[96] 그리고 나서 역학이 물리학에서 분리되었고, 한갓 '동역학'이라는 이름으로 오랫동안 역학에서 벗어나지 못하고 있던 물리학은 다시 철학에 내맡겨졌다.[97] 이러한 원리에 근거해 태양계의 기초를 이해하고 이것을 간략하게 서술하고자 한다.

제2장 태양계의 기초적 원리에 대한 철학적 서술

무게는 물질이 객관적 무게라고 할 정도로 그렇게 물질을 구성한다.[98] 동일한 물질은 제 자신을 양극으로 분열시키는데 이 경우 응집선[99]을 형성함과 동시에 일련의 발전 과정과 구성 요소들의 각기 다른 관계를 통해서 다양한 형태를 산출한다. 그런데 우리는 무게의 이러한 실재적 구별과 또 다른 구별인 관념적 구별, 즉 공간과 시간의 포텐츠Po-tenz[100]의 차이를 구분한다. 이와 같이 정립된 이중성에 의해 말하자면 두 겹의 이중성이 성립되어야 한다. 그 하나는 양극의 이중성이요, 다른 하나는 포텐츠 또는 세계의 네 방위[101]이다.[102]

1. 양극의 실재적 구별

(1) 응집선 또는 도량 관계의 결절선[103]

우선 무게가 구성하는 응집선에 관해 살펴보기로 하자.[104] 무게는 응집선을 구성할 때 모든 점 속에 제 자신을 정립하는데 이때 이들 점은 구성 요소들의 상호 관계에 따라 각기 다르다. 그러므로 무게는 제 스스로 결절의 계열[105]과 중심의 계열을 산출한다. 이 외에 이 계열들은 각각 다양한 관계를 맺고 있는데, 그 다양한 관계들을 자신의 원리의 지배 아래 두고 자신의 법칙과 자신의 조직 구성에 따라 통괄한다.

태양계도 이러한 큰 선(응집선)의 표현이며 나머지 다른 것들에 비해 훨씬 거대하다. 태양계에서 응집선은 차단되어 있기 때문에 개별적인 물체(천체)는 절대적인 권력은 아니지만 언제나 다른 물체들보다는 큰 권력을 가지고 스스로 중량의 중심이 된다. 왜냐하면 비록 그것이 그 자체로 하나의 전체라고 하더라도 다른 물체에 의존하지도 않으면서 좀더 큰 체계의 한 부분인 지체(肢體, Glied)[106]도 아닌 물체란 결코 존재할 수 없기 때문이다.[107] 따라서 각각의 천체는, 물론 중력에 대해서 완전히 자립적이지는 않지만 가능한 한 최대의 자유와 자립성을 지니게 된다. 그러므로 행성은 무한한 공간을 뚫고 우연히 직선 궤도로 질주해 태양 부근을 지나서 날아갔다가 법칙의 지배 아래 강제로 회전 궤도에 밀어 넣어진 것은 아니다. 또한 앞서 말한 가설적인 원심력이 행성들과 태양 사이의 거리를 유지하게 하는 것이 아니라, 행성들이 태양과 근원적인 체계를 형성하고 있기 때문에 행성들은 참된 응집력에 의해 끌어당겨지기도 하고 밀려서 멀어지기도 하는 것이다.

(2) 힘의 중심과 무차별점

무차별점Indifferenzpunkt[108]은 자석과, 죽어 있는 물질 안에서 자석의 자연적 선(자력선)을 흉내 내는 지레의 경우[109]에서처럼 항상 중간점으로 표현되지만 힘의 중심은 이러한 무차별점과는 다르다. 말하자면 무차별은 중립이기 때문에 어떤 힘도 행사하지 못하지만, 차별이라는 조건이 주어지면 힘에 관계한다. 따라서 각 힘의 중심은 이 확실한 선(응집선) 내부에 정립되지만 중간에 정립되지는 않는다. 그리고 각 힘의 중심은 천체이다. 왜냐하면 천체는 다름 아닌 물리학적 힘의 현상 또는 참된 이념의 현상이기 때문이다.

물론 인력Gravitation이나 무차별은 중심이 행성이 끌어당겨서 움직이므로 뉴턴은 그것을 태양에 놓아서는 안 된다고 생각했다. 뉴턴은 천체의 운동을 설명하기 위해 각 천체 서로 간의 끌어당김을 가정하고 있기는 하지만 이 가설을 통해 직접적으로 중심을 정립하거나 곡선 운동을 서술할 수는 없었다. 그는 오로지 궤도의 중심을 정립함으로써 비로소 중심을 정립하고 곡선 운동을 설명할 수 있었다. 《프린키피아》제1권 제11장에서 그는 '구심력에 의해 서로 작용하는 물체의 운동'에 관해 서술하고 있다. 그는 끌어당겨지는 물체와 끌어당기는 물체 사이에는 상호 작용이 있으며 따라서 둘 중 어느 것도 정지해 있을 수 없다고 한다. 하지만 그는 동시에 이들 두 물체가 앞서 말한 서로 끌어당김에 의해 마치 공통의 무게 중심의 주위를 회전하는 것 같다고 주장한다.[110] 이때 뉴턴은 법칙의 계[111]를 원용하고 있는데, 그 내용은 '두 개 또는 다수의 물체 사이에서 공통의 무게 중심은 이들 물체 상호간의 작용에 의해서 그 운동 상태나 정지 상태를 변화시키지 않는다'는 것일 뿐이다. 우리는 참되고 현실적인 중심 또는 중심 물체의 필연성을 어디에서도 찾을 수 없다. 그 때문에 앞서 말한 공통의 무게 중심은 완전히 수학적인 점에 불과하고, 태양이 힘의 중심 또는 이 힘의 중심에 근접해 있다고 하는 것은 필연성 때문이 아니라 우연히 태양에 가장 큰 질량을 부여했기 때문일 것이다. 그리고 밀도에 의해 규정되는 태양의 질량이 엄청나게 크다는 사실은 또다시 모든 힘이 질량에 의존한다는 가설에 바탕을 두게 된다.

그러나 자연철학은 천체의 참된 중심이 필연적으로 빛의 원천이며 이 빛의 원천[112] 속에 태양의 참된 힘과 강함이 놓일 수밖에 없음을 가르친다.[113]

(3) 양극성의 형식들 — 자석 · 진자 · 태양계

우리가 이미 서술한 것처럼 힘의 중심은 중간에 놓여 있지 않다. 왜냐하면 두 개의 응집선에 의해 두 개의 외적인 극이 만들어지는 것과 마찬가지로, 두 개의 내적인 힘의 중심 역시 그렇게 만들어지기 때문이다. 우리는 자석의 극점과 타원의 초점에서의 이중성을 알고 있는데 타원의 초점의 주축이 참된 자력선이다. 이 극점은 각각 자신의 힘이 미치는 극보다는 반대편의 극에 더 인접해 있는 방식으로 배열되어 있다. 따라서 내적인 극 $+M$은 무차별점과 외적인 극 $-M$ 사이에 놓이게 되고 마찬가지로 내적인 극 $-M$은 중간[114]과 외적인 극 $+M$ 사이에 놓이게 된다.[115]

행성계란 하나의 차단된 응집선을 의미하지 응집된 물체는 아니기 때문에, 그리고 우리가 나중에 보게 될 것처럼 동일한 물체가 양극 모두를 실현하기 때문에 오직 단 하나의 실재하는 힘의 극점만이 존재하게 된다. 다시 말하면 태양은 (두 개의 초점을 갖는) 타원 중 하나의 초점에 있고 또 하나의 다른 초점은 어둡고 다만 수학적인 점에 불과하다.[116] 이리하여 자연의 자력선은 자연의 진자 형태로 이행한다. 이것은 마치 기계적인 진자가 한쪽 극이 없어져버린 불완전한 지레인 것과 마찬가지다.[117] 매달려 있으면서 중력에 굴복해 있는 물체는 극을 만들어낼 수 없을 것이다.

직선적이고 활동적인 그러나 굳어 있지 않은 이러한 천체의 계열이 전 체계의 바탕이 됨으로써 천체는 서로 관련되어 있으며, 단 하나의 천체를 형성하는 것이 아니라 하나의 체계를 형성한다는 것을 우리는 알 수 있다. 또한 선Linie의 형태로 존립하는 힘은 여기서 물체의 형태를 얻는 것을 목표로 하는 자연에 부응하지 못한다는 것도 우리는 알 수 있다.

2. 포텐츠의 관념적 구별

(1) 점 · 시간 · 정신

양극의 실재적 구별과 응집선에 관해 확인했으므로 다음으로 다른 구별, 즉 관념적인 구별 또는 주관과 객관의 포텐츠의 구별로 넘어가기로 하자.[118] 물질이 채워진 공간이라고 파악할 때 물질에는 형식이 결여되어 있다. 이렇게 본다면 공간과 물질은 다름 아닌 객관적인 것의 추상 개념이다. 그런데 물질의 물리학적 또는 실재적 개념을 인식하기 위해 우리는 물질을 주관성의 형식 아래에 놓아야 하며 공간 속에 점을 정립하지 않으면 안 된다. 이 경우 점은 물론 추상적 공간이긴 하지만 동시에 공간에 관계하는 것이기도 하다.[119] 채워진 것으로서의 물질의 개념, 말하자면 농밀하기 때문에 정지해 있는 한 공간으로서의 물질의 개념에는 그 안으로 침입해 오는 모든 물질에 대한 저항이 내포되어 있긴 하지만 그저 부정적이고 공허한 것에 불과하다.[120] 왜냐하면 공간이 채워지면 변화와 저항의 모든 원리가 제거되므로 어딘가 다른 곳에서 그것을 가져오지 않으면 안 되기 때문이다. 따라서 실재하는 물질을 인식하기 위해 우리는 공간이라는 추상적 개념에 그것과 대립하는 주관성의 형식을 덧붙이지 않으면 안 된다. 우리는 이 주관성의 형식을 이전에 라틴어로 'mens'(정신)[121]라고 불렀다. 이것을 공간과 관련시키면 '점'[122]이 된다. 이를 통해 점 또는 구별이라는 고유한 형식 아래에서는 시간과 공간이 물질의 근본 요소를 형성한다. 이 경우 물질은 이 요소들로 합성되어 있는 것이 아니라 오히려 그것들의 원리이다.

생성과 소멸(이 양극은 정지해 있다)이라는 대립적인 포텐츠의 이러한 내적이고 근원적인 동일성과 차이[123]로부터 우리는 변화와 운동의 필연성을 인식하게 된다.[124] 말하자면 변화란 마치 수축과 팽창[125]처럼 차이로부터 동일성을 영원히 회복하는 것이자 새로운 차이를 산출하는 것이기 때문이다.

(2) 점에서 선·면으로의 이행

또 다른 포텐츠인 정신이 공간을 사상함으로써 지속적으로 자신을 산출할 때 그것은 시간이다. 포텐츠가 자신의 산출을 공간과 관계시키는 한 그것은 선을 형성한다. 그러므로 선은 주관적 형태이긴 하지만 자신을 산출해서 자신 안에서 명백해진 정신이다. 선은 자신의 대립물인 공간으로 이행해서 면을 구성함으로써 자신에게 완전하고 자연적인 형태를 부여한다. 이 면에는 다른 모든 구별이 결여되어 있다. 왜냐하면 우리는 연장Ausdehnung과 정신 자체의 구별 외에 어떤 다른 구별도 정립하지 않기 때문이다. 다른 모든 구별을 결여하고 있는 이러한 면Fläche은 평방이다.

앞서 말한 반성(反省)은 시간에서 공간으로의 이행과는 전혀 동떨어진 것처럼 보인다. 반성은 수학에서 사물 자체를 도외시하고 사물의 수와 양을 비교하지 통약 불가능한 사물 자체를 비교하지 않는다고 믿는다. 반성은 시간과 공간 자체를 사물 자체라고 간주하는 것이다. 비록 기하학과 미분학이[126] 사물 자체를 망각한 채, 미분학적 연산[127]이나 기하학적 논증을 통해 발견되는 선이나 수를 그저 제한적으로 다룬다 하더라도 이것들에 대해 사물 자체가 관계하는 의미를 부여하는 한, 수량만이 아니라 사물들 자체가 비교된다는 것은 분명하다. 결국 수학은 선이 면으로, 면이 물체로 확장됨으로써 앞서 말한 통약 불가능한 것의 상호 이행을 다른 형태로 사용하고 있는 것이다. 수학은 면이 무수한 선으로 구성되어 있다고 주장함으로써 통약 불가능한 것의 이러한 동일성을 대부분 무한자의 개념 아래 숨기고 있다. 나아가 수학이 무한급수를 통해 무수한 수들의 관계를 표현할 때, 수학은 반성의 절대적 대립을 넘어서 있고 통약 불가능한 것을 비교하고 있음을 인정하고 있는 것이다. 특히 이렇게 특징 지어진 고등기하학[128]은 면을 선으로 환원하고 면과 선 모두를 무한소, 즉 점으로 환원한다. 그런데 해석학은 점으로 선, 특히 무한선을 구성한다. 그러나 어떻게 해서 점에서 선이, 선에서 면이 생성되는가 등은 운동 개념의 도움을 받아야 비로소 파악된다.[129] 다시 말하면 이전에 이미 공간과 시간이 동일한 것으로 정립되지 않으면 안 된다는 것이다.

(3) 평방과 입방체(물체의 낙하와 케플러의 법칙)

우리가 이미 본 것처럼 정신이 스스로를 자신의 주관적 형태로 산출한 것은 선이고, 정신이 스스로 자신의 객관적 형태로 이행한 것은 평방이다.[130] 그리고 만들어진 자연natura naturata에 속하는 산물이 입방이다.[131] 왜냐하면 정신을 모두 사상하고 난 다음 공간이 자기 자신을 산출한다면 3차원이 존재할 것이기 때문이다. 생성하는 물체는 평방이지만 존재하는 물체는 입방이다.[132] 서로 분리된 물체의 관계는 객관적 형태를 결여한 주관적 관계인 선이므로, 하나의 물체가 다른 물체로 낙하함으로써 자신의 이러한 구별을 지양하고 스스로를 새롭게 형성하는바 이 선은 평방으로 전화한다. 따라서 낙하의 법칙은 거리의 제곱에 대한 비례, 다시 말해 평방으로 전화한 선이다.[133]

이 문제에는 또 하나의 다른 구별이 있다. 두 물체의 구별은 실제로 지양되거나 아니면 잔존하는데, 구별이 실제로 지양되면 실재하는 하나의 물체가 되고 구별이 잔존하면 관념적인 하나의 물체가 된다. 전자는 자유낙하의 경우이고 후자는 원운동의 경우이다.[134] 낙하의 경우 평방의 요소는 간단하게 시간 단위의 총계에 의해 서술되거나, 일정하지만 자의적인 척도로 분할되어, 수로 표현되는 선에 의해 서술된다.[135] 이에 비해 관념적 물체가 산출되는 원운동의 경우 물체들 사이의 구별과, 어떤 점에서는 시간과 공간 사이의 구별이 잔존하게 된다.[136] 전자는 주기를 규정하고 후자는 물체의 거리를 규정한다. 그럼에도 우리는 물체가 뚫고 지나가면서 거리의 공간과 함께 하나의 각을 형성하는 공간과 시간을 통합해야 한다. 운동량을 규정하는 이 종합은 평방 그 자체다. 운동의 질료라고 부르는 것, 다시 말해 서로 운동하게 하는 두 물체의 관계 전체를 표현하는 것 중에는 두 요소가 있는데, 그것은 선으로서의 거리와 평방으로서의 운동이다. 따라서 이들 두 개의 요소로 이루어진 전체의 크기는 입방 또는 물체가 된다. 중량은 항상 동일하기 때문에 입방도 마찬가지다. 나는 모든 행성도 사정은 같다고 생각한다. 이로써 우리는 저 유명한 케플러의 법칙을 쉽게 이해할 수 있다.[137]

우리가 설명한 것으로부터 수학을 위한 철학적 보조 정리를 빌려와야 한다. 그리고 거의 수학 전체의 근저에 있고 우리 시대에 이르기까지 참된 증명이(그것은 결코 수학적으로는 달성할 수 없을 것인데) 미해결된 채 남아 있는 앞서 말한 정리들에 대한 증명 역시 이로부터 연역되어야 한다. 이제까지 밝혀온 개념을 통해 우리는 그 길을 모색해왔다. 앞서 말한 힘의 통속적인 분할은 다름 아니라 시간과 공간의 종합에 대한 해명에 의존해 있고, 정신 또는 선의 평방으로의 이행에 의존해 있다. 이러한 분할의 수학적 진리와 필연성은 요청되지만, 그러한 분할은 물리학적 진리를 사취하는 것이다. 거기서 물리학적인 것을 죽어 있는 물질에 내맡겨버리는 역학적인 법칙으로 나아가는 실은 어렵지 않다. 우리는 법칙 자체를 자연에서 추론해야지, 자연을 모사한 역학에서 추론해서는 안 된다. 이제 우리의 논의 대상으로 되돌아가기로 하자.

(4) 행성 운동의 특성

천체의 경우 거리의 비는 응집선에 의해 규정된다. 이에 관해서는 나중에 검토할 것이다.[138] 상호 분리되어 있는 천체의 질량은 에테르의 희박함에 대립해 있는 농밀함의 중심을 형성한다. 다시 말하면 그것은 극도의 팽창에 대립해 있는 극도의 수축인 하나의 점을 형성한다. 따라서 물리학자들은 절대적 탄성과 반발은 에테르에 고유한 것이라고 보지만, 끌어당기는 힘과 물체에 특유한 것이라고 본다.[139] 그런데 그들이 중력을 적용하는 것은 오직 물체에 대해서지 에테르에 대해서는 아니다. 자연의 근원적인 동일성은 극도의 농밀함과 극도의 희박함의 대립 그리고 이 대립의 현상인 물체의 분리를 지양하고자 노력한다. 그러나 잠재적인 선die virtuelle Linie[140]은 평방으로 이행하며 물체의 형태를 취하고자 한다. 그러한 선의 등장이 운동 현상이다.

자연은 앞서 말한 천체계가 하나의 덩어리로 응결되어 있는 것을 원하지 않으며, 'natura naturata'(만들어진 자연)라는 가없는 상태로 전락해 있는 것도, 물체와 운명을 함께하는 것도 원하지 않는다. 자연이 원하는 것은 천체계가 이성의 생생한 표현과 이성 자신의 모상을 서술하는 것이다. 그 때문에 곡선 운동을 통해서는 어떤 실재적인 물체가 아니라 관념적인 물체, 즉 평방이 산출될 뿐이다. 따라서 (천체의) 선이 가정하는 물체는 다름 아닌 물체가 그 궤도를 회전 운동할 때 원을 그리며 도는 공간이다. 그러므로 원운동을 그 대립물을 통해 정의하고자 한다면, 원운동이란 물체의 지양이며, 물체 또는 입방을 평방으로 환원하는 것이라고 해야 한다.[141] 케플러의 탁월한 법칙은 이 개념을 통해 표현된다.[142]

원의 경우 한 점으로부터의 등거리라는 개념은 원둘레를 만들어낸다. 그러므로 원의 근원적 특성은 원둘레의 어떤 지름도 원둘레의 어떤 장소도 나머지 다수에 비해 두드러지지 않는다는 것이다. 이 때문에 물체들의 구별만을 고려하고 그것을 하나의 물체로 통합하려는 자연의 노력을 무시한다면 최초의 응집선에서 출발하여 운동에 이를 수 없을 것이다. 그런데 우리가 중심 물체의 인력과 원둘레를 회전하는 물체의 원심력을 가지고 역학적으로 원을 구성한다면 어떤 방식으로 특정한 직경을 그려야 하며 특정한 남중점의 응집선[143]과 타원[144]을 도출해야 할 것인가?

태양계에서 물체들이 서로 분리되어 있고 경직된 응집선이 지양되어 운동으로 이행해 있다 하더라도 응집선의 힘은 결코 형식적인 원의 모든 직경의 무차별성 속으로 소멸되어버리지는 않는다. 오히려 이 응집선은 그 스스로 궤도의 축으로 정립됨으로써 응집력을 발휘하며, 궤도 축의 한쪽 극에서는 가속하고 다른 한쪽 극에서는 감속하는 운동의 변화 속에 양극성을 도입함으로써 응집력을 발휘하기도 한다.[145] 남중점의 힘이나 태양의 힘이 가장 커지는 원일점에서 운동은 감속한다. 이에 비해 태양의 힘은 최소가 되지만 천체에 내재하는 힘이 최대치가 되는 근일점에서 운동은 가속한다.

행성 운동의 섭동(攝動, Störung)[146]도 이와 연관되어 있음이 틀림없다. 섭동은 애초의 응집에 의해 쉽게 회복되는, 약하고 빨리 지나가는 응집 형태들을 말한다.

끝으로 간략하게 다음의 것을 덧붙이고자 한다. 앞에서 우리가 자기적인 실재적 구별과 포텐츠의 관념적 구별을 대립시켰던 것처럼, 이 실재적 구별 그 자체도 또한 이중의 구별이라는 형식으로 존재하며 동과 서에 걸쳐 실재적 선이 형성된다. 이 선은 또한 동과 서가 포텐츠의 구별의 법칙에 종속되어 있기 때문에 헤아릴 수 없이 큰 긴지름[147]을 가진 궤도에서 회전하는, 우리가 혜성이라고 부르는 천체의 선이기도 하다.[148]

제3장 보론—행성 간 거리의 문제

행성 간의 거리의 비에 관해 몇 가지를 덧붙이고자 한다.[149] 물론 이것은 확실히 경험에 관계하는 것 같다. 그러나 그것은 결코 이성과 무관한 자연의 척도나 수일 수는 없다. 자연 법칙을 경험하고 인식하는 것은 다름 아니라 우리가 자연이 이성적으로 형성되어 있다[150]고 믿는다는 것과 우리가 모든 자연 법칙의 동일성에 대해 확신한다[151]는 것에 바탕을 두고 있다. 경험과 귀납에 바탕을 두고 자연 법칙을 탐구하려는 사람들은 앞서 말한 이성과 자연의 동일성을 다음과 같은 방식으로 알아낸다. 그들은 우연히 법칙의 형태를 발견할 경우 발견된 것에 기뻐하지만 그것과 올바르게 일치하지 않는 다른 현상이 있을 경우, 이제까지의 실험 중에서 몇 가지를 의심하고 어떻게 해서든 법칙과 현상 사이의 조화를 회복하기 위해 노력해야 한다.[152]

우리가 여기서 논하고 있는 행성 간 거리의 비는 바로 이에 대한 하나의 실례를 보여준다. 왜냐하면 행성 간의 거리는 등차수열[153]의 비를 보이고 있기 때문이다. 그리고 이때 이 수열의 제5항에 대응하는 행성이 자연에서는 아직 발견되지 않았기 때문에, 많은 사람들이 화성과 목성 사이에 아직 발견되지 않은 또 하나의 미지의 행성이 실제로는 공간을 뚫고 지나가고 있을 것으로 잘못 생각하여 그것을 열렬히 탐색하고 있기 때문이다.[154]

이 급수는 산술적이며 결코 수를 제 자신에게서 창출하는 수열에 따르지 않는다. 따라서 포텐츠에도 적합하지 않으므로 철학에 대해 어떤 의의도 갖지 못한다.[155] 피타고라스학파가 얼마나 열렬히 수의 철학적 관계[156]를 연구했는지는 잘 알려져 있다. 따라서 두 개의 《티마이오스*Timaios Schriften*》편[157]에서 다루어지고 있는 전래의 수열[158]을 여기서 인용해도 무방하리라 생각한다. 물론 티마이오스는 이 수열을 행성과 관련시키지는 않지만, 데미우르고스dèmiourgos가 이러한 비례에 따라 우주를 형성했다고 생각한다.[159] 이 수열은 다음과 같다. 1, 2, 3, 4, 9, 16, 27.

이때 《티마이오스》의 8을 16으로 읽는다 해도 큰 차질은 없을 것이다.[160] 이제 이 수열이 등차수열보다 참된 자연 질서를 말해주는 것이라면 네 번째와 다섯 번째 사이에 큰 공간이 놓여 있고 그 곳에 어떤 행성도 있을 수 없다는 것이 분명해진다.[161]

나머지 것을 간략하게 서술하면 다음과 같다. 위에서 말한 수를 네제곱(제곱의 제곱)하고 다시 그것의 세제곱근을 구하면 다음과 같은 각 행성의 거리의 비를 보여주는 수열을 얻게 된다.[162]

1.4 — 2.56 — 4.37 — 6.34 — 18.75 — 40.34 — 81 (통일을 파괴하지 않기 위해 우리는 1 대신에 $\sqrt[3]{3}$을 넣는다.)[163]

그리고 목성의 위성[164]도 최초의 네 행성의 수열과 같은 거리의 비를 서로 지키고 있음을 알 수 있다.[165] 다만 이것들 중 네 번째 위성만이 자신의 수를 약간 초과해 있다.

이에 비해 토성의 위성의 경우에는 확실히 변칙적인 비가 적용되지만 그것은 극히 주목할 만한 비라고 생각된다. 왜냐하면 처음 네 위성의 주기는 1, 2, 3, 4, 8의 제곱근과 동일한 비를 지니고 있는데[166] 그것들의 거리는 같은 수의 세제곱근과 동일한 비로 되어 있기 때문이다. 그리고 이 주기 자체의 수를 구하면 다음과 같다.

$$\sqrt{-2^9,\ 2^{10},\ 2^{11},\ 2^{12},\ 22,\ 32,\ 45,\ 64}$$

다섯 번째 위성은 다섯 번째 행성의 경우와 거의 같은 방식으로 수열의 외형이 변경된다. 말하자면 처음 네 위성의 간격은 1, 2, 4, 8의 세제곱근, 즉 $1 - 1.26 - 1.63 - 2$였기 때문에 네 번째에는 $\sqrt[3]{8}$이 어울리고 다섯 번째에는 $\sqrt{8}$, 즉 $\sqrt[3]{(16:32)}$가 어울리게 된다. 또한 세제곱근은 간격의 비를 표현하는데 그 세제곱의 수열은 다음과 같다.[167]

$1,\ 2,\ 2^2,\ 2^3,\ (2^4 : 2^5),\ 2^8,\ (2^{12} : 2^{13})$

혹은⋯⋯⋯⋯⋯ $2^{\frac{9}{2}}$ ⋯⋯⋯⋯⋯ $2^{\frac{25}{2}}$

부록—토론 테제

I[168]

모순은 진리의 규칙이고 비모순은 허위의 규칙이다.[169]

II

추론은 관념론의 원리이다.[170]

III

사각형은 자연의 법칙이며 삼각형은 정신의 원리이다.[171]

IV

참된 산술에서는 1을 2에 더하는 것 외에 덧셈은 없고, 3에서 2를 빼는 것 외에 뺄셈은 없다. 그리고 3을 합으로 생각해서는 안 되며 1을 차이로 간주해서도 안 된다.

V

자력Magnet이 자연의 지레이듯, 태양을 향한 행성들의 중력은 자연의 진자이다.[172]

VI

이념은 무한과 유한의 종합이고 철학 전체가 이념 안에 있다.

VII

비판 철학은 이념을 결여하고 있기 때문에 회의론의 불완전한 형식이다.

VIII

비판 철학이 제기하는 이성의 요청을 이루는 실질은 이 철학 자체를 파괴하는 스피노자주의의 원리이다.[173]

IX

자연 상태는 불법이 아니며 이러한 이유에서 우리는 이 상태에서 벗어나야 한다.

X

도덕학의 원리는 운명에 대해 경외심을 갖는 것이다.

XI

덕은 행위와 수고의 천진난만함을 배척한다.

XII

완전한 인류는 덕의 모든 관점과 모순된다.[174]

해 · 제—헤겔의 자연철학과 《행성궤도론》

1. 자연철학 연구의 흐름

실증성만이 진리의 기준이고 근대 과학만이 그 기준에 맞는 절대적 진리라는 신화는 깨진 지 오래다. 근대 과학도 자연을 설명하는 하나의 패러다임에 불과하다. 근대 과학은 자신의 기준에 맞지 않는 자연에 대한 모든 이해를 비과학으로 단죄하여 망각의 깊은 늪 속에 잠재워버렸지만 이제 이러한 태도는 달라져야 한다. 더구나 근대 과학 기술의 발전이 인류의 생존을 위협하고 있는 긴박한 상황은 자연을 바라보는 패러다임의 혁명적인 변화를 요구하고 있다. 근대 과학을 넘어서 자연과 인간의 관계를 근본적으로 파악하는 새로운 패러다임이 요구되고 있는 것이다.

생명 윤리와 환경 윤리 등 인간과 자연의 관계, 넓게 말하면 근대 과학의 자연관에 대한 비판의 논리가 부각되면서 자연과학의 존재 방식을 문제 삼았던 자연철학에 대한 관심이 점차 높아지고 있다. 특히 기계론적 자연관이 환경 위기에 어느 정도 책임이 있다고 믿는 사람들은 셸링과 헤겔의 유기체론적 · 목적론적 자연관에서 대안을 찾으려 노력한다. 19세기 독일의 자연철학은 이제 자연을 보는 하나의 패러다임이자 환경 위기에 대처할 수 있는 유력한 패러다임으로 당당히 복권된 것이다.

오늘날 19세기 독일 자연철학에 관한 연구는 크게 세 가지 방향에서 진행되고 있다.

첫째, 셸링이나 헤겔의 철학 체계 안에서 자연철학이 차지하는 위치를 다루는 연구이다. 셸링 연구의 경우에는 칸트Immanuel Kant, 피히테J. G. Fichte, 헤겔과의 관계를 올바로 보는 것이 주요 과제이다. 이 경향은 오늘날 독일 관념론을 보는 관점을 재검토하는 일과 연관된다. 칸트-피히테-셸링-헤겔이라는 직선 도식으로 파악되는 '독일 관념론'에 대해 피히테, 셸링, 헤겔이 가지고 있었던 문제 의식의 공통성과 동시적 전개를 이해하는 문제가 제시된다.

둘째, 당시 자연과학의 상황으로 돌아가 당시 상황에서 자연철학을 이해하는 연구이다. 이 방향의 연구는 과학사적 연구에 바탕을 두고 당시 자연과학의 상황을 재구성해서 철학과 과학, 자연과 인간의 관계에 대한 자연철학의 태도를 밝혀 내고자 한다. 이러한 연구의 성과 덕분에 오늘날 헤겔이나 셸링의 자연철학이 경험과학과 무관하며 경험을 경시한 공상적인 것에 불과하다는 편견은 통용되기 않게 되었다. 오히려 그들이 당시 자연과학에 얼마나 깊이 관계했으며 당시 자연과학에 대한 그들의 이해 수준이 얼마나 높았는지 알 수 있게 되었다.

셋째, 현대 자연과학의 도달점에서 셸링이나 헤겔의 자연철학의 선구성을 밝히고자 하는 연구이다. 이러한 연구는 자칫 당시 자연과학의 맥락을 무시하고 현대 자연과학과 셸링이나 헤겔의 유사점을 찾아내 그 선구성을 지나치게 과장하기 쉽다. 그러나 현대 자연과학이 셸링이나 헤겔의 자연철학과 유사한 측면이 있다 해도 그들의 철학이 직접 현대 자연과학을 이끌었다고 보기는 어렵다. 물론 현대 자연과학과 자연철학의 상이한 측면 역시 그 한계를 보여주는 것이라고 단정 지을 수는 없을 것이다.

오늘날 자연철학 연구의 주된 흐름은 관점을 상대화해 과학사적 맥락을 중시하는 것이다. 이러한 상대화를 통해 우리는 당시의 과학과 철학의 관계, 그 바탕에 있는 자연과 인간, 인간의 존재 양식의 문제를 생각해볼 수 있을 것이다. 이 방향의 자연철학 연구는 당시의 과학사 연구에 머무르지 않고 오늘날의 문제들, 환경 윤리, 생명 윤리 등 자연과 인간에 관계하는 문제들에까지 연구의 폭을 넓힐 수 있다. 그러한 문제들은 바로 인간의 존재 방식을 재검토하도록 요구하고 있으며, 근저에 있는 존재론과 그것에 바탕을 둔 자연관을 재검토하도록 요구하고 있다. 오늘날 자연철학 연구는 그러한 문제들에까지 시야를 넓혀야 하리라 생각된다.

2. 헤겔의 자연철학

18세기 독일의 자연철학은 자연을 역학적·기계론적으로 파악하는 당시 자연과학의 틀을 전환하려는 목적에서 시작되었다. 이 때문에 자연철학은 자연과학의 새로운 경향인 낭만주의 과학과, 연금술이나 신지학Theosophia의 전통이 교차하

는 화학과 생명론을 주된 영역으로 하여 성장했다.[175]

헤겔의 자연철학도 이러한 시대적 맥락에서 이해해야만 역사적 의미가 명백해진다. 헤겔은 낭만주의 자연철학의 영향 아래에서 자연과학의 최신 성과를 널리 받아들이면서 '철학적 박물학'이라 할 수 있는 자연철학 체계를 형성했다. 이제 헤겔이 낭만주의에서 자립해 독자적인 자연철학 체계를 형성해가는 과정을 살펴보고, 그의 독자적인 자연철학 체계가 완성돼 있는 글인 《철학백과사전》 제2부 〈자연철학〉의 내용을 개괄해보겠다.

(1) 낭만주의 자연철학 시대

근대 자연과학은 물체의 운동을 영적인 힘에서 해방시키고 외부에서 가해진 힘을 통해 설명하고자 했다. 인과율에 바탕을 둔 이러한 역학적 자연관은 17세기에서 18세기 말에 걸쳐 천문학·역학·광학 분야에서 큰 성공을 거두었다.

18세기가 끝나갈 무렵 역학적 방법으로는 도저히 설명할 수 없는 화학 현상이나 생명 현상이 문제로 떠오르게 되었다. 그 중 하나가 열에 의한 물질의 변화였다. 그때까지 과학자들은 이 현상을 입자의 기계적 운동을 통해 설명하고 있었다. 그러나 열학이 새롭게 발전하면서 열에 의한 물질 변화의 원인을 열소에서 찾게 되었고, 18세기 말에는 라부아지에 Antoine Laurent Lavoisier 학파가 주장하는 화학적 열소 이론이 우위에 서게 되었으며, 이 이론이 독일에 유입되어 연금술 전통과 결부되면서 낭만주의 자연철학의 발생을 자극하게

되었던 것이다.[176)]

또한 생명 현상의 영역에서도 기계론적인 방법의 한계가 명백해져 18세기 말에는 생명 현상에 대한 화학적 해명으로 연구의 초점이 옮겨 갔다. 그래서 데카르트류의 기계론적 생명관을 대신하는 새로운 관점이 등장했다. 이러한 연구 동향을 배경으로 독일 낭만주의는 기계론을 비판하고 유기체론의 관점에서 자연철학을 전개했던 것이다.

독일 자연철학의 선구자는 바더 Franz von Baader와 셸링이다. 1797년 두 사람은 자연철학의 탄생을 알리는 첫 저작을 거의 동시에 출간한다. 바더는 자연철학의 개요를 제시한 《기초 생리학을 위한 기여 Beiträge zur Elementar-Physiologie》를 출간하는데, 여기서 자연과학의 방법을 기계적 · 역학적 방법, 화학적 방법 순으로 배열한 다음 마지막으로 유기체적 방법을 제시한다. 그는 유기체의 활동을 생명의 근원적 에너지에 바탕을 둔 자발성 또는 능동성으로 이해하여, '죽은 기계론'을 비판하면서 낭만주의 자연철학을 대안으로 제안한다.[177)] 한편 라이프치히에 있던 셸링은 피히테의 자아철학에서 벗어날 수 있는 방향을 자연철학에서 찾는다. 그는 《자연철학의 이념 Ideen zur einer Philosophie der Natur》에서 기계론을 비판하며, 《세계혼에 관하여 Von der Weltseele》에서 자신의 자연철학의 기본 개념을 제시한다. 그 핵심을 이루는 양극성 개념은 자연을 인력과 척력, 전기에서의 플러스와 마이너스, 자기에서의 N극과 S극, 유기체에서의 감수성과 반응성 등 각 포텐츠에서 서로 대립하는 양극의 합일로 파악함으로써 낭만주의 자연철학

의 기초 개념 역할을 한다.[178]

예나 대학에 초빙된 셸링이 슐레겔Friedrich von Schlegel이
나 노발리스Novalis 등과 함께 예나 낭만주의 그룹을 형성하면
서 핵심 이론가로서 왕성하게 활동하고 있을 무렵인 1801년,
아직 무명이었던 헤겔은 친구인 셸링의 권유에 따라 예나로
옮겨 오게 된다. 늦게 출발한 헤겔이 철학계에서 두각을 나타
내기 위해서는 서둘러 자신의 자연철학을 구축할 필요가 있었
다.[179] 헤겔이 예나 대학에 제출한 교수자격 취득 논문이 《행
성궤도론》인 까닭도 여기에 있다. 《행성궤도론》은 행성의 궤
도에 관한 우주론으로 포텐츠 개념에 바탕을 두고 뉴턴 역학
을 비판한다. 포텐츠란 셸링 철학의 독특한 개념으로, 원래
힘·능력이라는 뜻이지만 셸링 철학에서는 제곱을 거듭함에
따라 늘어나는 힘, 결국 순서에 따라 증대되는 힘을 의미한다
(주 100 참조). 이에 관해서는 나중에 상세히 설명할 것이다.
또한 거의 같은 시기에 작성된 헤겔의 단편 〈신의 삼각형에
관하여Von dem Gottes Triangel〉는 바더의 자연철학 논문인
《자연에서의 피타고라스적 사각형 또는 세계의 네 방위에 관
하여 Über das phythagoräische Quadrat in der Natur oder die vier
Weltgegenden》와 비교된다. 이러한 사실들은 예나 시기의 헤겔
이 낭만주의 자연철학의 영향을 강하게 받고 있음을 보여준
다.[180]

1801년 겨울 학기부터 헤겔이 예나 대학에서 맡은 강의는
자연철학이 아니라 논리학과 형이상학이었다. 그가 자연철학
을 강의할 수 있었던 것은 1803년 셸링이 예나를 떠나 바이

에른의 뷔르츠부르크 대학으로 옮겨 간 후의 일이다.[181]

(2) 철학 체계의 구상

헤겔의 철학 체계 구상은 1803년부터 1806년까지 헤겔이 예나 대학에서 강의안을 집필하는 과정에서 형성되고 정비되었다. 이 구상은 1803~1804년, 1804~1805년, 1805~1806년의 세 부분으로 남아 있으며 일반적으로 《체계초안 I Jenaer Systementwürfe I》, 《체계초안 II》, 《체계초안 III》이라 불린다.

헤겔의 자연철학 구상이 처음으로 초고 형태로 정리된 것인 《체계초안 I》은 자연철학에서 정신철학으로의 전개를 상당히 정리된 형태로 포함하고 있다. 그것은 천상계의 운동으로부터 지상계로의 이행에서 시작해 역학, 화학 작용, 물리학, 유기적인 것으로 전개되는 헤겔 자연철학의 윤곽을 보여준다.[182] 내용을 살펴볼 때, 자기와 전기의 양극성 등 셸링의 자연철학 개념이 포텐츠의 구별에 따라 대상들에 적용되고 화학 작용과 물리학 영역이 불·공기·물·흙 4원소에 따라 구성되는 등 아리스토텔레스보다는 바더에게 직접적인 영향을 받았다는 것을 알 수 있다. 이처럼 《체계초안 I》은 자연 전체를 유동적인 과정으로 이해하는 낭만주의의 원초적·생기론적 자연관을 이어받아 발전시키는 헤겔 자연철학의 핵심을 예감하게 한다.

《체계초안 II》는 논리학, 형이상학, 자연철학 강의로 구성되어 있지만 정신철학은 포함하고 있지 않다. 자연철학 강의는 태양계와 지상계로 구성되어 있고, 지상계는 다시 역학, 물질의 과정, 물리학으로 이루어져 있다. 유기체에서 정신으로 전개되는 부분이 빠져 있는 등 자연철학 체계라는 점에서 보면 불완전한 모습이다. 이는 헤겔이 1804~1805년 겨울 학기에 유기체에 관해 강의할 의사가 없었다는 것을 말해준다.[183] 《체계초안 I》과 비교해볼 때, 이 단계의 자연철학 구상은 셸링의 포텐츠 개념이 모습을 감추는 등 점차 낭만주의 색채가 탈색되고 헤겔의 독자성이 강해진다. 헤겔은 이 시기에 셸링의 영향에서 벗어나 독자적인 자연철학과 철학 체계 확립을 향해 한 걸음 한 걸음 내딛고 있었다고 할 수 있다.

헤겔이 독자적인 자연철학 체계를 확립한 것은 1805~1806년의 《체계초안 III》에서이다. 여기서 자연철학은 역학, 형태화 Gestaltung와 화학 작용, 유기체의 3부로 구성되어 있다. 배열 순으로 내용을 보면, 추상적인 공간·시간 개념에서 시작하여 물체의 구체적인 운동 형태와 특성, 물질의 화학적 과정을 거쳐 광물에서 식물·동물로 좀더 복잡하게 유기화되어 가는 과정을 고찰하는 것으로 돼 있다. 이러한 3부 구성의 순서는 낭만주의자들의 관점과 동일하다. 유기체론을 정점으로 거기서 멀어진 거리에 따라 화학, 물리학, 역학을 원근법적으로 역배열하는 구성이다.[184] 이러한 배열 순서는 근대 자연과학의 역사적인 발전 순서와 일치한다.

《체계초안 II》와 비교해볼 때, 《체계초안 III》에서는 들머리에 놓여 있던 태양계에 대한 서술이 독립적인 지위를 잃고 역학이나 형태화와 화학 작용 안에 편입되었다. 또한 화학 작용에 관한 서술이 물리학에서 자립해 고유한 영역을 차지하고 있는 점은 화학에 관한 헤겔의 지식량이 늘었고 그가 화학에 상대적으로 역점을 두고 있다는 사실을 보여준다. 화학 작용에 관한 서술에서 특히 주목해야 할 부분은 열학에 관한 것이다. 헤겔은 열 물질설을 유체의 온도 변화로부터 유추하여 설명하는데, 당시 최첨단 이론이었던 라부아지에의 '숨은 열 이론'[185]을 자신의 자연철학 체계 안으로 끌어들이고 있다.

또한 《체계초안 III》에서 헤겔은 유기체에 관해서도 상세히 정리하고 있다. 《체계초안 I》과 비교해 유기체에 관한 그의 지식이 눈에 띄게 늘었음을 알 수 있다. 유기체에 관한 서술의 기본 관점은 유기체 전체를 지구라는 생명체의 유동적 생명 과정으로 이해하는 것이다. 생명 유기체로서의 지구는 대기와 해양 과정으로 이루어진 보편적 생명체이고, 생명체가 여러 가지로 형태화하여 식물이나 동물 등의 유기체가 만들어진다.[186]

이러한 구상은, 물론 자연 전체를 생명 유기체로 보는 낭만주의 생명론의 영향을 엿볼 수 있게 하지만, 양극성 개념을 자연 대상들에 적용하는 낭만주의적 방식을 철저히 배제하고 생물학의 최신 연구 성과를 원용하면서 유기체의 생명 과정을 구체적 형태에 따라 서술하고 있다.

이 시기 헤겔의 유기체론은 생명체를 하나의 유동적인 과정으로 보면서 동식물의 조직 형태와 기능을 그 과정과 연관 지어 이해하는 데 특징이 있다. 헤겔은 식물을 린네Carl von Linné처럼 종의 체계라는 관점에서 보지 않고 괴테J. W. von

Goethe와 마찬가지로 비유기적 영양분을 동화하면서 형태를 발달시키는 유동적 과정으로 본다. 이러한 관점은 동물을 고찰하면서 좀더 분명해진다. 헤겔은 동물 유기체를 유동적 순환 시스템을 지닌 살아 있는 통일체로 본다. 그 기본 관점은 동물 유기체를 해부학적으로 보는 것이 아니라 조직 형태를 끊임없이 분절화하는 운동으로 본다는 것이다. 그는 이러한 동물 유기체의 운동을 '형태화'라는 개념으로 표현한다. 동물 유기체를 유동적 과정으로 이해하는 헤겔의 입장에서 보면, 종의 분류는 올바른 방법이 아니다. 헤겔은 동물계 전체를 형태화의 운동에 따라 단순한 운동으로부터 좀더 복잡한 형태로 발전해가는 과정으로 이해한다. 형태의 발전이라는 이러한 발상은 종의 항상성에 바탕을 둔 동물 종의 고정적이고 위계적인 체계를 해체할 가능성을 안고 있다. 동물 유기체에 관한 헤겔의 서술은, 종의 항상성에 대한 믿음이 흔들리고, 종이 형태를 변화시켜 새로운 종으로 변용된다는 라마르크Jean-Baptiste de Lamarck의 진화론이 출현했던 생물학 혁명 시대를 배경으로 하고 있다. 물론 헤겔이 진화론을 주장했던 것은 아니다.

헤겔은 인간 정신의 형성에 관해서도 자연을 바탕으로 하여 이해하고 있다. 헤겔은 동물적인 감각이 더 고도로 분절화함으로써 정신이 형성된다고 생각했다. 특히 헤겔은 인간 정신의 성립과 관련해 동물적 유기체의 질병을 적극적인 계기로 이해한다. 헤겔에 따르면 질병은 생명 과정의 연속이고 유기체는 질병을 견뎌낼 수 없다. 질병과 대립해서 보편적인 것인

유(類, Gattung)가 나타난다는 것이다. 그리하여 동물은 죽을 수밖에 없는데 동물의 죽음이 바로 의식의 생성이라고 한다. 동물이 병에 걸림으로써 개체의 죽음을 넘어선 유적 의식이 형성되고 그것이 인간 정신이 된다는 것이다. 생명 활동에서는 부정적인 질병이 인간 정신을 만들어내는 긍정적이고 적극적인 역할을 하는 것으로 간주된다. 헤겔은 인간 정신을 동물적 의식의 변용 과정에서 생기는 것으로 보았지 신에게서 부여받은 것이나 자연 그대로의 것이라고 생각하지 않았다. 이와 같이 헤겔은 정신과 자연의 직접적인 동일성을 전제하지 않고 발생론적으로 이해한다.

헤겔은 《체계초안 III》에서 낭만주의 자연철학의 출발점을 계승하면서도 자신의 독자적인 방법과 내용을 마련하는데, 당시의 자연과학 문헌을 활용하면서 자연 대상에 따라 구체적으로 논의를 전개하고 있다. 자유로운 공상으로 개념을 기상천외하게 짜 맞추는 낭만주의자들의 자연철학과 비교하면 《체계초안 III》의 자연철학에서는 직관적인 비약보다는 대상에 내재하여 논리를 이끌어내고자 하는 방법상의 자각이 우위를 차지하기에 이르렀다고 할 수 있다.[187]

(3) 낭만주의 비판

헤겔은 《정신현상학 Phänomenologie des Geistes》에서 셸링을 비롯한 낭만주의자들을 처음으로 공공연하게 비판한다. 여기서 헤겔은 낭만주의와의 결별을 분명히 선언한다. 이는 동시에 그가 자신의 철학 체계를 확립했음을 말해준다. 《정신현상학》

을 구상하고 집필하기 시작한 것이 1805년부터인데 이 시기는 《체계초안 III》의 집필 시기와 겹친다. 그것은 《체계초안 III》의 자연철학에 관한 내용이 《정신현상학》의 곳곳에 들어 있다는 것으로도 확인할 수 있다.

체계 구상을 하면서 점차 강화되는 낭만주의에 대한 비판적 태도가 《정신현상학》에 그대로 드러나 있다. 헤겔은 《정신현상학》 서문에서 낭만주의에 대한 비판을 전면적으로 폭발시킨다. 비판의 논점 중 하나는 낭만주의가 개념에 등을 돌리고 감정과 직관의 힘을 통해 열광과 영감에 이르고자 한다는 것이다.[188]

또 하나의 논점은 낭만주의 자연철학에 관한 것으로 그것이 형식주의에 불과하다는 것이다. 셸링을 비롯한 낭만주의자들은 자연철학에서 주관성과 객관성, 플러스와 마이너스의 양극으로 이루어진 자기나 전기, 수축과 팽창, 동과 서 등 양극적인 반대 개념을 자주 사용했는데, 헤겔은 낭만주의자가 사용한 그러한 개념이 도식적·형식적으로 대상에 적용되고 있다는 점을 지적한다.[189] 헤겔이 비판하는 것은 양극적인 개념을 대상에 적용할 때 나타나는 낭만주의자들의 도식적인 방식이다. 낭만주의자들은 주어(대상)와 술어(개념)를 결합할 때 직관에 의존하기 때문에, 그 결합이 단지 표면적인 유추와 공식의 외면적이고 공허한 적용에 머물러 대상의 생명을 포착할 수 없다. 헤겔은 도식주의가 자연적 형태들과 정신적 형태들에 보편적 도식의 쌍을 이루는 규정을 덧붙이기 때문에, 뼈에서 살과 피가 제거되듯이 사태의 살아 있는 본질이 탈취되어 대상의 생명을 파악할 수 없다고 한다.

낭만주의의 도식적인 방법에 대해 헤겔은 학적 인식의 방법을 대치한다. 낭만주의자는 사태의 내적인 내용에 들어가지 않고 언제나 전체를 위로부터 개관하며 개별적인 존재에 관해 말하면서 개별적인 존재를 넘어서 있는 데 반해, 학적 인식은 대상의 생명에 몸을 맡기고 대상의 내적 필연성을 눈앞에서 밝히려 한다는 것이다.[190] 여기서 말하는 학적 인식의 대상에는 정신과 함께 자연의 영역도 포함된다. 헤겔이 낭만주의와의 싸움에서 얻어낸 것은 대상의 생명에 몸을 맡기는 방법이다. 헤겔은 학적 인식의 대상을 생명이라고 표현하고 있는데 이러한 표현은 단순한 비유를 넘어 실제의 자연 생명을 의미한다. 헤겔이 존재하는 것의 본성을 논리적 필연성과 유기적 전체의 리듬이라고 표현할 때, 거기에는 생명 유기체의 운동 논리가 표현되어 있는 것이다.

유기적 자연 생명은 진리를 변증법적 발전으로 파악하는 헤겔 철학에서 하나의 모델이 된다. 《정신현상학》 서문에 나오는 식물의 비유가 그것이다. 헤겔은 변증법적 과정을 식물의 성장 과정에 비유해 이렇게 설명한다. "꽃봉오리는 피어남으로써 소멸하고, 꽃은 열매 맺음으로써 거짓된 현존재로 드러나는 것처럼 보인다. 그러나 식물의 이러한 형태들의 유동적 본성은 동시에 유기적 통일의 계기가 된다. 이러한 통일에서 이들 형태들은 서로 모순되지 않을 뿐만 아니라 한쪽은 다른 쪽과 마찬가지로 필연적이다. 그리고 이러한 동등한 필연성이 비로소 전체의 생명을 이룬다."[191] 이는 꽃봉오리에서 꽃으로, 꽃에서 열매로 형태 발전을 하는 식물 생명의 박동이 변증법적 발전임을 상징한다.

헤겔은 기계론적인 자연과학에 대항해 생명 유기체 개념을 낭만주의와 공유하면서 자연철학 체계를 전개해나갔다. 그 핵심은 전체와 부분의 유기적 통일을 생생한 유동성을 통해 이해하는 것이다. 그는 그러한 기본적인 발상을 낭만주의에서 얻어왔지만 자신의 자연철학에서 낭만주의 이상으로 그것을 발전시키고 있다고 할 수 있다. 그는 자연 생명을 부분으로 해체하는 분석적 방법을 비판하면서도 낭만주의의 직관주의적 방법과 일정한 거리를 두고 대상의 생명에 내재하는 변증법적 방법을 스스로 창안했던 것이다.

(4) 자연철학 체계의 완성

헤겔의 자연철학이 목표로 삼았던 것은 동시대의 자연과학이 제공하는 이론을 자신의 철학 체계 안에 통합하고 자연계 전체를 우주에서 인간 정신에 이르는 하나의 과정으로 그려내는 것이다. 그것은 경험적 기연과학에 대한 메타 기연과학이자 자연의 사태들을 철학적으로 통합하는 '철학적 박물학'이라고 할 수 있을 것이다. 철학적 박물학으로서 헤겔의 자연철학이 최종적으로 완성된 것은 《철학백과사전》 제2부 〈자연철학〉에서이다.

여기서 헤겔은 우선 목적론의 두 가지 유형을 구별한다. 하나는 인간이 실천적으로 자연에 관계할 경우의 목적론이다. 이 경우 인간은 자기가 목적이 되어 행동하고 자연을 이용할 뿐이어서 자연은 인간에게 외적인 존재에 머무른다. 헤겔은 이것을 '유한한 목적론의 입장'이라고 부른다. 이에 비해 좀 더 심오한 본래적 의미에서의 목적론은 자연 그 자체 안에 목적이 내재해 있다고 보고 자연에 내재해 있는 개념을 보려고 한다.[192] 헤겔의 목적론이 바로 이에 속한다.

헤겔의 이러한 목적론은 자연의 본질을 생명이라고 보는 입장과 연결되어 있다. 헤겔은 《철학백과사전》의 〈자연철학〉에서 자연은 자체로[193] 하나의 살아 있는 전체라고 설명한다. 또한 생명력은 자연의 생명력으로서는 살아 있는 수많은 것으로 분열되어 있지만 그것들은 그 자체가 주체적인 유기체이고 그것들이 하나의 생명, 하나의 유기적인 생명의 체계를 이루는 것은 오직 이념 안에서라고 강조한다. 이러한 의미에서 자연은 전체로서도, 개별체에서도 하나의 유기적 생명체로 존재한다. 개개의 생명체 그 자체가 보편성을 자기 자신 속에 포섭하고 있는 '유'로서 존재하고, 이 때문에 부분과 전체의 관계도 역시 유기적인 것이다.

헤겔에 있어 유기체는 타자와 관계하면서 자기 자신을 유지하고 있는 존재다. 그것은 항상 타자와 관계하면서 끊임없이 자신에게 귀환을 하고, 자기를 유지하고 있는 존재다. 헤겔은 이 때문에 유기체가 자기 목적으로서 존재한다고 한다. 유기체는 단지 필연성의 결과로 나타나는 것이 아니라 자기 자신으로 귀환해 있기 때문에 결과는 운동을 시작하는 최초의 것이며 마찬가지로 그것이 실현해가는 목적이기도 하다.

유기체에서는 모든 활동과 과정이 목적을 실현해가는 과정이다. 유기체는 타자와 관계하면서 자기 귀환을 하고, 그것을 통해 자기의 목적을 실현해간다. 쉽게 말하면 유기체는 타자에게서 영양을 섭취하면서 자기를 유지하고 목적을 실현해간다. 이 때문에 유기체는 타자 없이는 존재할 수 없다. 타자와의 관계 그 자체가 내적인 동시에 본질적이다. 유기체 안에서는 인과 관계도 원인과 결과가 서로 자기의 목적을 실현해가는 과정에 포섭되면서 그 과정의 하나의 계기로서 있게 된다. 유기체의 이러한 목적은 생명이라는 형태로 존재한다. 헤겔에게서는 생명이야말로 무한성의 표현이다. 생명은, 타자와 관계하면서 자기 자신을 유지하고 유한한 것을 항상 무한한 것으로 포섭해가는 과정으로서 존재한다. 개체의 생명은 세대교체를 통해 영원한 것과 연결된다.[194]

이와 같이 자연을 유기체와 생명으로 파악하는 헤겔의 관점은 《철학백과사전》의 〈자연철학〉에서도 변함이 없음을 알 수 있다. 이렇게 본다면 자연을 개별적인 물체의 인과 법칙에 따라 파악하는 물리학은 자연의 실상을 보여줄 수 없다. 따라서 물리학은 자연의 유기적 연관을 파괴할 수밖에 없다.

그런데 헤겔은 자신의 자연철학에서 자연을 단지 유기적 전체로서 보여주려 한 것만은 아니다. 《철학백과사전》의 〈자연철학〉은 역학, 물리학, 유기체론으로 나뉘어 전개된다. 유기체론은 다시 지질학적 유기체, 식물 유기체, 동물 유기체로 나뉘어 있다. 이러한 전개 과정은 하나하나의 규정을 거듭해가면서 유기체로서의 자연의 실상에 이르게 되는 과정이다. 일종의 진화론적 전개 과정에서 이전의 규정은 그 자체로서는 부정되고 다음에 오는 단계의 계기로서 포섭된다. 마지막 단계에서 자연의 유기적 실체가 모습을 드러내게 된다. 상호외재성Außereinander, 무한한 개별화라는 규정으로 대표되는 역학에서는 시간과 공간, 물질과 운동, 절대적 역학이라는 형태로 전개되고, 개체성이라는 규정으로 대표되는 물리학에서는 보편적인 개체성의 물리학, 특수한 개체성의 물리학, 총체적인 개체성의 물리학이라는 형태로 전개된다. 그리고 유기체론은 지질학적 유기체, 식물 유기체, 동물 유기체라는 형태로 전개된다.

이와 같이 헤겔은 근대의 기계론적 자연관을 비판하면서 유기체적이고 목적론적인 자연관을 회복했다. 그러나 이는 낭만주의처럼 분화·분열을 거치지 않은 직관에 의한 회복이 아니다. 헤겔의 유기체적 자연관은 기계론을 매개로 하면서 그것을 포섭하는 것이다. 그것은 《철학백과사전》의 〈자연철학〉이 역학, 물리학, 유기체론으로 전개되는 것에 잘 드러나 있다고 하겠다.

3. 《행성궤도론》에 관하여

1801년 1월 아직 무명이었던 헤겔은 당시 독일 철학계의 중심지 예나에 입성해 친구인 셸링의 지원 아래 저작 활동을 시작했다. 그는 그해 겨울 학기부터 예나 대학에서 강의를 시작하길 원했고 이를 위해서는 교수자격 취득 논문을 겨울 학기 시작 전에 예나 대학 철학부에 제출해야 했다. 그러나 그는 자신의 첫 저작인 《피히테와 셸링의 철학 체계의 차이 *Differenz des Fichteschen und Schellingschen Systems der Philosophie*》를 마무리하고 출판하는 데 생각보다 훨씬 많은 시간을 바쳐야 했기 때문에, 문제의 논문을 제출 기한 이전에 완성할 수 없었다.

같은 해 8월 15일 헤겔은 대학 당국에 1개월 정도의 유예 기간을 주면 그 안에 논문을 제출할 테니 강의를 허가해달라고 요청했다. 여러 차례의 문답이 오간 후 마침내 대학 당국은 그에게 우선 형식적으로 논문 제목과 테제를 제출해서 토론을 진행하고 논문은 그 후에 제출해도 좋다고 허락했다.

우여곡절을 거쳐 헤겔은 자신의 31세 생일이기도 한 8월 27일, 나중에 제출하게 될 논문 내용에 관해서 공개 토론 심사를 받게 되었다. 이를 위해 그는 〈행성궤도론에 앞서 미리 제출된 테제〉라는 소책자를 철학부에 제출했다. 그리고 학부 당국이 이례적으로 연기를 허락해준 날짜로부터 1개월 반이 경과한 10월 18일 마침내 그는 인쇄된 교수자격 취득 논문 《행성궤도론》을 제출할 수 있었다. 이 논문의 제출과 다음날 실시된 강의 실습을 통해 비로소 헤겔은 대학 교수로서 강의할 자격에 필요한 모든 조건을 만족시킬 수 있었다.[195]

'들어가는 말'에서도 언급했듯이 《행성궤도론》은 자연철학 분야에서 헤겔의 첫 번째 문헌이다. 이 논문은 헤겔이 셸링과 낭만주의자들의 영향을 강하게 받고 있었을 때 쓰어졌기 때문에 헤겔 자신의 독창적인 사상을 표현하고 있지는 않지만, 그 핵심 사상은 후기 자연철학이나 논리학에 흡수되어 완숙해졌다는 것을 알 수 있다. 그런 점에서 이 논문은 헤겔 자연철학의 성립 과정을 연구하는 데나 헤겔 철학 전체를 이해하는 데 중요한 의의를 지닌다.

《행성궤도론》의 내용을 이해하기 위해서는 당시의 천문학에 관해 전반적으로 이해할 필요가 있다. 헤겔은 근본적으로 아리스토텔레스 우주론에 바탕을 두고 케플러의 법치을 형이상학적·유기체론적으로 해석하여 뉴턴의 기계론을 비판한다. 헤겔은 우선 천상계와 지상계, 다시 말해 절대적으로 자유로운 운동으로서의 천문학과 지상의 물체에 관한 물리학을 구분한다. 이때 천상계의 운동을 밝힌 것이 케플러의 법칙이고 지상계의 운동을 밝힌 것이 갈릴레오Galileo Galilei의 가속도의 법칙이다.

케플러의 법칙이란 케플러가 브라헤Tycho Brahe의 행성 관측 결과에서 경험적으로 얻은 행성의 궤도 운동에 관한 세 가지 법칙을 말한다. 제1법칙은 '행성은 태양을 하나의 초점으로 하는 타원 궤도를 그리며 공전한다'는 것이고, 제2법칙은 '행성과 태양을 연결하는 동경은 같은 시간에 같은 넓이를 휩쓸며 지난다. 즉 행성의 속도와 그 동경이 그리는 넓이의 곱은 항상 일정하다'는 것이며, 제3법칙은 '행성의 공전 주기의 제곱은 공전 궤도의 긴반지름의 세제곱에 비례한다'는 것이다.

제1법칙과 제2법칙은 주로 화성을 관측하여 얻은 것으로 1609년에 발표되었고, 제3법칙은 이보다 10년 후에 발표되었다. 케플러의 시대는 그때까지 사람들이 믿어온 천동설에 대해 지동설이 도전하던 시기이다. 브라헤는 원래 천동설을 옹호하려는 목적으로 행성의 위치를 측정하기 시작했다고 한다. 케플러는 비록 브라헤의 제자였지만, 지동설의 입장에서 지구의 공전 궤도를 원이라 가정하고 화성의 공전 궤도를 기하학적으로 작도해본 결과 그 궤도가 태양을 초점으로 하는 타원이라는 것을 알게 되었다. 케플러 이전에 코페르니쿠스 Nicolaus Copernicus와 갈릴레오를 비롯해 지동설을 주장하는 사람들 역시 행성의 궤도가 원이라고 믿고 있었다. 이 점에서 헤겔은 케플러를 "신의 은총을 받은 우리의 천재"라고 높이 평가한다.

《행성궤도론》에서 헤겔이 언급하고 있지는 않지만, 갈릴레오의 가속도 법칙은 지상에서 떨어지는 물체가 물체의 부피나 질량에 관계없이 일정한 가속도를 얻으면서 직선 운동을 한다는 것이다.

뉴턴은 이 둘을 하나의 원리로 통일하여 소위 운동의 법칙을 확립한다. 우선 그는 케플러가 발견한 행성의 운동에 관한 세 법칙을 기본으로 만유인력의 법칙을 정리했다. 이에 따르면 천상의 물체나 지상의 물체 모두 두 물체 사이에 작용하는 인력의 크기는 물체의 종류나 물체 사이에 존재하는 매질에 관계없이 그 물체의 질량의 곱에 비례하고 물체 사이의 거리의 제곱에 반비례한다. 뉴턴은 이 이론을 근거로 당시 알려져 있던 행성의 운동을 해명했을 뿐만 아니라 밀물과 썰물의 문제와 혜성의 문제 등을 성공적으로 설명했다.

뉴턴은 이어 《자연철학의 수학적 원리》에서 물체의 운동에 관한 세 가지 기본 법칙을 발표했다. 제1법칙은 관성의 법칙이라고도 하는데, 외부로부터의 힘의 작용이 없으면 물체의 운동 상태는 변하지 않는다는 것이다. 다시 말하면 물체는 힘이 작용하지 않는 한 정지한 채로 있거나 등속도 운동을 계속한다는 것이다. 제2법칙은 물체의 운동의 시간적 변화는 물체에 작용하는 힘의 방향으로 일어나며 힘의 크기에 비례한다는 법칙이다. 물체에 힘이 작용했을 때 물체는 그 힘에 비례하는 가속도를 받는다는 것이다. 제3법칙은 작용 · 반작용의 법칙이라고도 하는데 두 물체가 서로 힘을 미치고 있을 때, 한쪽 물체가 받는 힘과 다른 쪽 물체가 받는 힘은 크기가 같고 방향이 반대임을 나타내는 법칙이다.[196]

이를 통해 뉴턴은 천상계와 지상계 모두에서 일어나는 운동의 여러 현상을 만유인력과 운동 법칙에 의해 통일적으로 파악하는 역학적 자연상을 성공적으로 전개했던 것이다. 그러나 헤겔이 볼 때 이것은 자연철학에 혼란을 가져오는 것이다. 헤겔에 따르면 뉴턴은 천상계와 지상계의 구별을 무시했을 뿐만 아니라 물리학적 규정을 단순한 수학적 규정으로, 다시 말해 힘을 선이나 점으로 치환하고 있다. 물리학적 규정(질 규정)을 수학적 규정(양 규정)으로 치환했을 때 남는 것은 천박한 기계론과 수학주의이다.

뉴턴의 수학주의는 단순한 힘을 원심력과 구심력으로 분할함으로써 진행된다.[197] 헤겔은 빛이 단순한 것처럼 힘도 단순한 것이라고 본다. 그런데 뉴턴은 이 단순한 힘을 해소하여 힘의 양에 관한 정리를 세우기 위해 선을 힘이라고 부른다.

뉴턴의 천체역학에 나타나는 수학적 증명은 '힘의 평행사변형의 원리'에 의한 분할과 종합에 바탕을 두고 있는데, 그러한 원리는 수학적 요청에 불과한 것이기 때문에 거기서 증명된 힘을 참된 힘으로 볼 수 없다는 것이 헤겔의 생각이다. 헤겔에 따르면, 뉴턴의 역학은 살아 있는 참된 힘과는 무관한, 단지 기계적 작용만을 취급하는 과학에 불과하다.

헤겔은 뉴턴이 물리학적 규정을 수학적 규정으로 치환하고 단순한 힘을 분할함으로써 거둔 약간의 성과들에 대해 다른 방식으로도 얼마든지 같은 결론에 이를 수 있다는 것을 구체적으로 논한 다음, 뉴턴이 아무런 철학적 근거도 없는 신을 끌어들이고 있음을 지적한다. 헤겔이 볼 때 뉴턴의 신은 외적이고 기계적이며 자의적이고 우연적이다. 뉴턴은 신이 물질에 힘을 부여했다고 주장하지만 실제로 힘은 물질에 고유한 것이고 물질의 본성을 이루는 것이다. 뉴턴의 역학은 물질의 본성에 관해 알지 못하기 때문에 외적인 원인에만 관계하고 자연을 이성적인 개념으로 파악하지 못하는 것이다. 그렇기 때문에 헤겔은 뉴턴의 역학이 이성과 자연의 동일성의 원리를 올바로 파악할 수 없다고 강조한다. 동일성의 원리는 철학, 특히 헤겔이 생각할 때 셸링의 동일철학에 의해서만 올바로 파악될 수 있는 것이다.

케플러의 법칙을 수학적으로 공식화하는 것이 그러한 오류를 범하는 것이라면 케플러의 법칙은 어떻게 해석되어야 할까? 헤겔은 태양계를 살아 움직이는 유기체로 설명한다. 뉴턴은 그 유기체를 죽어 있는 기계로 취급했다. 거기에 뉴턴의 근본적인 잘못이 있다. 이제 태양계를 살아 움직이는 유기체로 간주하고 행성의 운동 궤도를 정확히 표현한 케플러의 법칙을 올바로 해석하기 위해서는 올바른 철학적 관점이 필요하다. 헤겔이 케플러의 법칙을 해석하기 위해 끌어들이고 있는 철학적 관점은 초기 셸링 철학의 핵심 개념인 '양극성' 개념과 '포텐츠' 이론이다.

헤겔에게 행성의 운동은 자유로운 운동이다. 그럼에도 불구하고 왜 행성은 일정한 궤도를 그리며 운동하는 것일까? 이것을 설명하기 위해 헤겔이 끌어들이는 것이 '양극성' 개념이다. 앞에서도 언급한 바 있지만, 셸링을 비롯한 낭만주의자들은 자연철학에서 주관성과 객관성, 플러스와 마이너스의 양극으로 이루어진 자기나 전기 또는 수축과 팽창, 동과 서 등 양극적인 반대 개념을 자주 사용했는데, 이것이 바로 양극성이다. 그들이 생각할 때 양극성이야말로 유기체인 자연을 관통하고 있는 근본 원리이다. 이에 따르면 양극에서 대립하는 두 힘의 중간 지점에 힘의 평형점으로서의 무차별점이 존재한다고 생각할 수 있다. 이 무차별점이 길이의 차원을 얻어 자력 개념이 성립된다. 자력이라는 물질의 추상적인 규정은 대립하는 양극 사이에 작용하는 떼려야 뗄 수 없는 힘의 합일로서 모든 자연적 발생의 근본적 형식이 된다.

헤겔은 이러한 양극성 개념에서 암시를 받아 응집력이라는 개념을 통해 태양계의 궤도 운동을 설명할 수 있다고 본다. 헤겔이 볼 때 응집력은 물질에 공통된 성질인 중력의 특수한 규정성이고 물질의 자기 형성의 한 단계를 이루는 것이다. 응집력은 자력과 공통된 성질을 가지며, 자력이 N극과 S극으로 구별되듯이 응집력도 양극을 갖는다. 마치 자력이 자기장의 각 점에서 접선의 방향을 갖고 자력선을 형성하는 것처럼 응집력 또한 그 방향을 나타내는 응집선을 형성한다. 그리고 양극 사이에 퍼져 있는 힘의 선은 지레 현상에서 보이는 것과 같은 일종의 긴장된 선이라고 할 수 있다. 그리고 이 힘이 작용하는 장Feld의 각 부분은 스스로 새롭게 지레를 형성한다. 그것은 자석의 절반이 다시 새롭게 하나의 자석이 되는 것과 같다. 행성의 계열로 이루어진 태양계도 그 각 점에서 다른 응집도를 갖는 하나의 응집선의 한 조각이다. 우주의 내부에 작용하는 응집력의 정도에 따라 형성된 응집선은 다른 응집도에 대응해 발전의 계열을 이루고, 각 행성의 계열로 이루어진 태양계를 구성하고 있다.

이 때문에 헤겔은 뉴턴이 관성의 법칙과 만유인력의 법칙을 가지고 행성의 공전을 설명하는 것은 불충분하기 짝이 없다고 본다. 물론 그런 방식의 설명이 수학적으로 행성들의 공전 주기를 계산할 수는 있겠지만 태양계의 본질을 제시해줄 수는 없다는 것이다. 헤겔이 볼 때 행성들은 태양과 함께 살아 있는 하나의 체계를 형성하고 있기 때문에, 다시 말하면 태양계가 하나의 살아 있는 유기체이기 때문에 그 유기체가 지니고 있는 참된 응집력으로 인해 행성들은 일정한 궤도를 따라 운행하는 것이다.

그렇다면 왜 행성 운동의 궤도는 케플러의 법칙이 표현하듯 행성의 공전 주기의 제곱이 공전 궤도의 긴반지름의 세제곱에 비례하는 것일까? 헤겔은 셸링의 포텐츠 이론을 빌려 이를 설명한다. 셸링은 헤겔이 《행성궤도론》을 쓴 1801년에 자신의 철학적 입장을 《나의 철학 체계의 서술*Darstellung meines Systems der Philosophie*》에서 상세히 논의했는데, 그에 따르면 이성은 주관적인 것과 객관적인 것의 '무차별'로 정의된다. 이러한 관점에서 그는 이성을 절대적 이성 또는 절대자로서 살아 있는 자연이라고 이해하기도 한다. 이 절대자로서의 자연으로부터 모든 것을 연역하려는 것이 셸링 철학의 의도였다고 볼 수 있다. 셸링에게 절대적 이성은 말하자면 절대적 일자 Eins이며 자기 동일성이다. 그리고 이 이성 존재의 법칙은 동일 법칙, 즉 동일률로서 A=A로 표현된다. 셸링에 따르면 주관과 객관이 절대적으로 동일할 때 이 양자 사이에 질적 대립은 없고 단지 양적 차이만 있다. 이 양적 차이란 절대적 동일성의 밖에 있고 유한한 것에만 속해 있는 주관과 객관의 비율의 구별이다. 셸링은 이를 '포텐츠'라고 부른다. 다시 말하면 주관과 객관은 질적으로 구별되어 있지는 않고 포텐츠에 따라 양적으로 구별될 뿐이다. 포텐츠라는 말은 원래 힘·능력이라는 뜻이지만 수학 용어로는 거듭제곱의 뜻으로 사용되기도 한다. 그래서 포텐츠는 제곱을 거듭함에 따라 늘어나는 힘, 순차적으로 증대되는 힘을 의미한다(주 100 참조). 그래서 헤겔은 태양계의 응집력도 포텐츠에 따라 제곱의 법칙으로 작용하는 것이고, 행성 운동의 궤도는 공전 주기의 제곱이 공전 궤도의 긴반지름의 세제곱에 비례하는 방식으로 그려질 수밖에 없다고 해석하고 있다. 헤겔은 이러한 방식을 통해서 케플러의 법칙을 철학적으로 올바로 해석할 수 있다고 본다.

이를 바탕으로 헤겔은 보론에서 행성 간의 거리의 비를 검토하고 있다. 행성 간의 거리와 관련해서 당시 보데의 법칙이 발표되어 천문학자들의 관심을 끌고 있었는데,[198] 헤겔은 보론에서 이를 비판하고 있다. 헤겔은 보데의 법칙을 통해 얻은 수열이 단순한 등차수열에 불과하고, 이 때문에 그의 법칙은 무개념적이며 철학적 의의를 갖지 못한다고 비판한다. 헤겔에 따르면 자연의 이성적 관계를 표현하는 확실한 근거를 갖는 법칙은 포텐츠의 수론적 표현이며, 이는 거듭제곱의 규정에 따를 때 가능하다. 수 자신으로부터의 수의 창출, 즉 거듭제곱의 규정에 바탕을 둔 수열만이 자연의 이성적 관계를 올바로 표현할 수 있다는 것이 헤겔의 믿음이다. 헤겔은 자연의 이성적 관계를 표현하고 있는 수열을 플라톤의 《티마이오스》 편에서 다루어지고 있는 피타고라스의 수열로 간주하고,[199] 이 수열을 약간 가공함으로써 네 번째 행성인 화성과 다섯 번째 행성인 목성 사이에 어떤 행성도 있을 수 없음을 논증할 수 있다고 강력하게 주장했다. 이상이 《행성궤도론》의 개략적 내용이다.

오늘날 이러한 사변적이고 형이상학적인 우주론이 도대체 무슨 의미가 있을까 반문하는 사람이 많을 것이다. 1979년 영국의 과학자 러브록James Lovelock은 지구를 환경과 생물로 구성된 하나의 생명 유기체로 볼 것을 제안하는 '가이아 가설'을 발표했다.[200] 이 가설은 과학적인 검증을 거치지 않았다는 일부의 비판에도 불구하고 인류의 생존이나 직면한 환경 문제와 관련해 많은 사람들의 관심을 불러일으키고 있다.

헤겔은 《행성궤도론》에서 한 걸음 더 나아가 지구만이 아니라 지구를 포함한 태양계가 살아 꿈틀대는 하나의 생명 유기체라고 주장한다. 헤겔은 단순한 선언에 그치지 않고, 뉴턴의 기계론과 수학주의를 넘어서는 형이상학적 사변을 무기로 자신의 주장을 구체적으로 논증했다. 그럼에도 오늘날 대중은 헤겔의 유기체적 자연관에 대해 알지 못한다. 대중뿐만 아니라 대부분의 생태주의자들도 마찬가지다. 그 이유는 무엇일까? 헤겔의 논증이 난해하기 때문이다.[201]

그러나 난해하다는 이유가 그것을 배척하는 근거가 되지는 못한다. 난해한 껍질을 뚫고 그 핵심에서 뿜어져 나오는 사상적 영감을 굳이 외면해서는 안 될 일이다.

주

1) G.W.F.Hegel, *Enzyklopädie der philosophischen Wissenschaften im Grundrisse und andere Schriften aus der Heidelberger Zeit*, *mit einem Vorwort von Hermann Glockner*(Stuttgart : Fr. Frommanns Verlag, 1927), 179쪽.

2) 헤겔은 《철학적 학문의 백과사전 강요*Enzyklopädie der philosophischen Wissenschaften im Grundrisse*》(이 책은 앞으로 《철학백과사전》으로 표시하겠다) 제2판(1827)과 제3판(1830)에서는 자신의 실수를 인정하는 문장을 삭제한다. 이것이 함의하는 바에 관해서는 Cinzia Ferrini, "Framing Hypotheses : Numbers in Nature and the Logic of Measure in the Development of Hegel's System", Stephen Houlgate(ed.), *Hegel and the Philosophy of Nature*(Albany : State University of New York Press, 1998)[이 책은 앞으로 '훌게이트(1998)'로 표시하겠다], 283~301쪽 참조. 페리니Cinzia Ferrini는 헤겔의 이러한 태도 변화가 단순히 자신의 실수를 인정하지 않으려는 고압적인 사변철학자의 아집에서 기인하는 것이 아니라 경험의 영역에 속하는 수와 이성적 원리 사이의 관계에 대한 헤겔의 사고방식이 변화한 데서 기인한다고 해석한다.

3) 헤겔은 '무게'를 의미하는 라틴어 'gravitas'를 쓰고 있지만, 노이저는 이를 '중력'을 의미하는 'Schwerkraft'로 번역했으며, 무라카미 교이치도 마찬가지로 '重力'으로 번역했다. 헤겔은 gravitas와 중력을 의미하는 vis gravitatis를 엄격히 구별해서 사용한다. 뉴턴이 물체가 갖는 무게를 지구의 인력인 중력으로 환원한 이후 무게와 중력을 같은 것으로 이해하는 것이 일반적 상식이 되어 있다는 것은 재론의 여지가 없다. 이 점에서 본다면 노이저와 무라카미 교이치 등이 그렇게 옮기는 것도 무리가 아니다. 그러나 특히 《철학

백과사전》〈자연철학〉에서 헤겔은 무게를 자신의 중심을 제 바깥에 지니고 있는 물체의 실체로 본다. 유한역학에서 모든 물체는 끊임없이 자신 바깥에 있는 자신의 중심을 향해 자신을 벗어나려고 노력하며 이것이 무게로 표현된다. 그래서 헤겔은 물체의 본질인 무게를 한갓 무게의 힘(중력)과 동일시하는 것은 근본적으로 잘못이라고 본다. 이에 관해서는《헤겔 자연철학 1》, §270과 §262, 주 1 참조. 헤겔은《행성궤도론》에서도 셸링의《나의 철학 체계의 서술》을 마음에 두고 셸링이 Schwerkraft라고 표기한 것을 경우에 따라서 gravitas라고 옮기기도 하고 vis gravitatis라고 옮기기도 한다. 이것은 헤겔이 gravitas와 vis gravitatis를 의식적으로 구별하고 있다는 것을 보여준다. 주 44 참조. 그래서 옮긴이는 모든 경우에 gravitas(Schwere)는 '무게'로, vis gravitatis(Schwerkraft)는 '중력'으로 옮기고 비슷한 용어인 pondera(Gewicht)는 '중량'으로 옮겼다.

4) 예나 시기에 성립된 헤겔의 우주론은 그리스의 우주론, 특히 아리스토텔레스의 우주론에 바탕을 두고 있다. 아리스토텔레스의 우주론에 의하면 천상의 세계야말로 성스러운 신의 세계다. 이 때문에 천상의 세계에서 행해지는 천체 운동은 이성적 원리에 바탕을 두고 있고 따라서 천체의 운동이야말로 이성의 숭고하고 순수한 표현의 귀감이다.

헤겔은 최초의 체계에서뿐만 아니라 후기 체계에서도 절대적으로 자유로운 운동으로서의 천체 물리학과 지상의 물체에 관한 지구 물리학을 구분한다[G. W. F. Hegel, *G. W. F. Hegel Werke in zwangzig Bänden 9 Enzyklopädie der philosophischen Wissenschaften II Die Naturphilosophie Mit den mündlichen Zusätzen*(Frankfurt a. M. : Suhrkamp Verlag, 1986), 82~85쪽 참조. 이 책은 앞으로 '헤겔(1986) Bd. 9'로 표시하겠다]. 이 둘은 각각 케플러Johannes Kepler의 천체 운동의 법칙과 갈릴레오Galileo Galilei의 낙하 법칙에 대응한다. 이 두 법

칙을 구별함으로써 헤겔은 뉴턴이 폐기한 천상 세계와 지상 세계의 구별을 다시 제기하고 있다. MK.

5) 헤겔은 플라톤의 《파이드로스 *Phaidros*》 246e~247d를 염두에 두고 있다. 이러한 논지와 유사한 서술을 《철학백과사전》〈자연철학〉 269절 보충에서도 볼 수 있다. "천체의 운동은 이쪽저쪽으로 끌어당겨지는 것이 아닌 자유로운 운동이다. 옛 사람들이 말한 바와 같이 천체는 성스러운 신들처럼 떠다닌다"〔헤겔(1986), Bd. 9, 85쪽〕.

6) 태양계를 유기체, 살아 있는 생명체라고 간주하는 사상이 《행성궤도론》의 근본 전제일 뿐만 아니라 헤겔 자연철학의 핵심이다. 이에 관해서는 이 책의 해제를 참조하라.

7) Marcus Tullius Cicero, *Tusculanae disputationes* V, 4~10쪽 참조. WN.

8) 원래 라틴어로 씌어진 《행성궤도론》은 목차도 없고 장과 절도 구분되어 있지 않다. 이 단락까지가 아마도 논문의 서론에 해당한다고 생각된다. 간략한 요약이지만 논문에서 전개될 전체 내용의 핵심이 서술되어 있기 때문이다. 이에 따르면 본론은 3개 항으로 구성되어 있다. 그래서 라손 Georg Lasson은 라틴어–독일어 대역본에서 본론을 로마 숫자를 사용해 3개 장으로 구분하여 논문의 형식을 갖추도록 체제를 정비했다. 그 구분은 다음과 같다.

① 물리적 천문학이 일반적으로 의거하고 있는 기초 개념에 관한 논구.

② 참된 철학이 이미 확증한 태양계의 연관, 특히 행성의 궤도에 관한 서술.

③ 고대 철학에 근거하여 수학적 비례 관계의 규정에 대해 철학이 기여할 수 있다는 예증.

그러나 이 논문의 구성을 더욱 상세히 알고자 한다면 이와 같은 구분만으로는 충분하지 않다. 따라서 우선 논리 전개에 따라 장과 절을 구별하고 여기에 적절한 소제목을 붙임으로써 목차를 좀더 완전한 체제로 재구성할 필요가 있다. 프랑수아 드 강François de Gandt은 이 점을 고려하여 불어 번역본을 만들었다. 무라카미 교이치村上恭一의 일어 번역본도 이를 따르고 있다. 이 책에서도 드 강의 불역본을 참조하여 장과 절을 구분하고 각각 소제목을 붙였다. 반면에 볼프강 노이저Wolfgang Neuser의 독일어 번역본은 장과 절이 구분되어 있지 않고 소제목도 없다.

9) 이 장에서는 천문학이 물리학적 측면에서 일반적으로 의거하고 있는 기초 개념, 구체적으로 말해서《프린키피아*Mathematical Principles of Natural Philosophy*》에서 뉴턴Isaac Newton이 제시하고 있는 역학적 천문학의 원리를 비판적으로 논하고 있다.

10) 천체 역학의 법칙들이 수학에서 도출된 것이라는 헤겔의 견해는《철학백과사전》〈자연철학〉서론에서 다시 다루어진다. 거기서 헤겔은 뉴턴의 천체 역학이 수학적 방법에 의한 자연 인식의 정점에 서 있는 것이며, 더구나 경험과 개념에 반해 수학적 규정들만을 근거로 삼고 있다고 비판한다〔헤겔(1986), Bd. 9, 9〜13쪽 참조〕.

11) 케플러에 대한 헤겔의 이러한 지나친 찬미가 맹목적 애향심에 뿌리를 둔, 같은 고향 사람 케플러에 대한 존경의 감정과 얽혀 있다는 점을 부정하기는 어려울 것이다. 그래서 이 구절은 헤겔의 쇼비니즘이 드러난 표현으로 해석되기도 한다. 드 강은 헤겔이 케플러나 셸링F. W. J. von Schelling과 마찬가지로 튀빙엔에서 공부했기 때문에 애향심에 사로잡혀 있을 수 있다고 지적한다. dG. 그것이 헤겔이 케플러를 찬미하는 동기였을 수 있다는 것이다. 당시 예나 대학에 여러 명의 슈바벤 사람이 있었다는 것을 고려하면 특히 그렇다. 그러나 로젠크란츠Karl Rosenkranz는 헤겔이 케플러를 찬미하는 배경을 이러한 외면적 이유에서 찾지 않고 헤겔이 청년기에 케플러의《우주의 조화*Harmonice Mundi*》(1619)

를 읽고 깊이 감명받았다는 사실에서 찾는다[Karl Rosenkranz, *Georg Wilhelm Friedrich Hegels Leben*(Darmstadt : Wissenschaftliche Buchgesellschaft, Unveränderter fotomechanischer Nachdruck der Ausgabe Berlin, 1844), 146쪽 참조. 이 책은 앞으로 '로젠크란츠(1963)'로 표시하겠다]. 노이저는 헤겔이 후기 철학에서 뉴턴의 천체 역학을 비난하기는 했지만, 헤겔이 뉴턴의 수학적 성과를 긍정적으로 평가하고 있는 것으로 보아 뉴턴의 천체 역학에 대한 헤겔의 거부는 쇼비니즘에 기인한 것이 아니라 오히려 당시 독일에서 유행했던 뉴턴에 대한 세간의 평가를 따른 것에 불과하다고 해석한다[헤겔(1986), Bd. 5, 298쪽 참조]. 케플러가 이미 행성 운행의 법칙을 발견했기 때문에 독일에서 뉴턴 물리학은 적어도 처음에는 좋은 평가를 받지 못했다. 클라이라우츠A. C. Clairauts가 뉴턴의 섭동론(주 146 참조)을 응용한 계산법의 도움을 받아 헬리 혜성의 출현을 성공적으로 계산하고(1758년), 라그랑주J. L. Lagrange가 혜성 문제를 분석적으로 해결한 후에야 비로소 뉴턴의 이론은 케플러의 법칙보다 더 광범위한 것으로 간주되었다. 낭만주의자들(괴테, 노발리스, 셸링)은 섭동 계산을 의심스러운 것으로 간주했기 때문에 케플러에 대한 편애를 고수한다. WN.

12) 케플러가 브라헤Tycho Brahe의 행성 관측 결과에서 경험적으로 얻은 행성 운행에 관한 세 법칙.

① 행성은 태양을 중심으로 하는 타원 궤도를 그리면서 공전한다.

② 행성과 태양을 연결하는 직선의 면적과 속도는 그 행성에 대해서는 항상 일정하다.

③ 임의의 행성의 공전 주기의 제곱은 태양에서 평균 거리의 세제곱에 비례한다.

케플러는 코페르니쿠스Nicolaus Copernicus의 태양 중심설을 계승하면서도 코페르니쿠스의 지동설이 여전히 플라톤의 이데아설에 따른 '천상계의 기하학'에 바탕을 두고 있다는 것을 간파하고 그것을 넘어 '천상계의 역학'을 성립시킴으로써 이 세 법칙을 확립했다. 이를 통해 근대 천문학의 기초가 확립되었다고 할 수 있다. 헤겔은 《행성궤도론》 제2장에서 케플러의 법칙들에 관한 철학적 개념 파악을 시도한다.

13) 뉴턴의 천체 역학에 대한 헤겔의 적의는 평생 변함이 없었다. 헤겔에 따르면 물리학적 규정을 단순한 수학적 규정과 혼동하는 것(예를 들어 힘을 선이나 점으로 치환하는 것)은 자연철학상의 혼란을 초래하게 되는데 뉴턴이야말로 이러한 혼란을 야기한 사람이다. 더욱이 헤겔은, 절대적으로 자유로운 운동, 즉 행성의 궤도 운동에 관한 법칙을 발견한 사람이 케플러인 만큼 뉴턴이 처음으로 이 법칙을 증명했다는 일반적인 평가는 매우 부당한 것이라고 생각했다. 왜냐하면 뉴턴은 자신에게 주어진 그 내용을 단지 수학적 공식으로 표현한 학자에 불과하기 때문이다. 헤겔은 행성궤도 운행의 법칙을 발견한 사람에게 주어지는 불후의 영예를 최초의 발견자에게서 부당하게 박탈해서는 안 된다고 생각했다[헤겔(1986), Bd. 9, 86쪽 참조]. MK.

14) 인력을 물리학에 처음으로 도입한 사람은 뉴턴이 아니라고 주장한 사람은 헤겔만이 아니다. 유사한 주장은 예를 들어 프랑스의 유물론자 올바크Paul-Henri d'Holbach의 《자연의 체계Système de la nature》에서도 발견된다[P. H. d'Holbach, *System der Natur oder von den Gesetzen der physischen und moralischen Welt*, (Übersetzt.) F. G. Voigit(Frankfurt a. M., 1978), 616쪽 참조]. 또한 볼테르Voltaire는 《철학 서간*Lettres Philosophiques*》에서, 뉴턴이 처음 발견했다고 알려진 인력에 관해 이미 베이컨Francis Bacon이 《신기관*Novum Organum*》에서 말하고 있다고 주장했다[Voltaire, *Philosophische Briefe*, (Übersetzt. und hrsg.) R. von Bitter(Frankfurt a. M./ Wien, 1985), 49쪽 참조. 이 책은 앞으로 '볼테르(1985)'

로 표시하겠다〕. 코헨I. Bernard Cohen은 혹R. Hook이 뉴턴에게 중심 운동을 실행하기 위해 구심력과 힘으로서의 관성이면 충분하다는 점을 환기시켰다고 지적한다. 뉴턴은 이에 의존해 인력의 법칙을 수학적 공식으로 만들어냈다는 것이다〔Bernard Cohen, *Introduction to Newton's Principia* (Cambridge : Mass., 1981) 참조〕. WN.

15) 이 서술은 역사적 사실에 비추어 보면 반드시 정확하다고 할 수는 없다. 케플러 이전의 천체 연구에는 두 경향이 있었다. 하나는 수학적 천문학이고, 다른 하나는 물리학적 천문학 또는 철학적 천문학이다. 전자는 오직 운동학적 모델을 세우는 데 만족하고, 일반적으로 순수 가설이라고 간주되는 원인이라든가 가정 등은 연구 대상으로 하지 않는다. 후자는 천체의 원인이라든가 그 본질을 연구한다. 그래서 자연철학자로서 발언했던 학자들은 일반적으로 태양에서 유래하는 힘과는 다른 것을 탐구했던 것으로 보인다. 널리 알려져 있는 예로 데카르트René Descartes가 우주 물질의 소용돌이를 해명했던 것을 들 수 있을 것이다. 이 학설은 나중에 호이헨스Christiaan Huygens와 라이프니츠Gottfried W. Leibniz가 완성한다. 케플러의 독창성은 태양이 행성 운동을 불러일으키는 힘을 지니고 있다고 주장한 것에 있다고 할 수 있다. dG.

16) 뉴턴 이전에 이미 지상에 있는 물체의 운동 법칙과 천체의 운동 법칙은 따로따로 발견되었다. 뉴턴 이전에는 두 법칙 사이에 밀접한 관계가 있다고 생각하지 않았다. 뉴턴이 지구상에서 발견되는 힘의 개념을 천체까지 확장시킴으로써 비로소 천상계와 지상계를 동질의 힘과 동질의 운동 법칙이 지배하고 있음을 밝혔다. 뉴턴은 케플러가 주장한 천상계의 역학과 갈릴레오가 발견한 지상계의 역학 사이의 구별을 폐기하고 양자를 통일했던 것이다. 여기서 완성된 뉴턴의 역학적 자연관의 근거가 되고 있는 것이 바로 수학적 방법이다〔버나드 코헨, 《코페르니쿠스에서 뉴턴까지 새물리학의

태동》, 조영석 옮김(한승, 1998), 169~212쪽 참조. 이 책은 앞으로 '코헨(1998)'으로 표시하겠다].

그런데 아리스토텔레스의 우주론에 따르면 천상계는 지상계와는 질적으로 완전히 다른 신성한 장소다(주 4 참조). 헤겔은 이 관점을 계승하고 있기 때문에, 천상계가 지상계와 동일한 운동 법칙, 동일한 성질의 중력 법칙에 따른다는 것을 발견한 뉴턴의 업적을 배격하고 있는 것이다.

17) 헤겔이 뉴턴을 비판하는 데 있어 핵심은 뉴턴이 물리학과 수학을 혼동하고 있다는 것, 말하자면 물리학적 규정(질 규정)을 수학적 규정(양 규정)으로 치환한 결과 천박한 기계론 내지는 수학주의에 빠져 있다는 것이다.

18) 헤겔의 이러한 서술에는 아마 다음과 같은 배경이 있을 것이다. 케플러의 《신(新)천문학Astronomia Nova》에는 '인과율에 바탕을 둔 새로운 천문학, 즉 브라헤의 관측 결과에 입각한 화성 운행의 연구로 밝혀진 천상계의 물리학'이라는 의미심장한 부제가 달려 있다. 케플러는 이 책에서 제목이 보여주는 대로 천체 운동을 자연적 인과율에 바탕을 두고 설명하고자 했다. 그 점에서 새롭게 제시된 천문학은 단순히 코페르니쿠스적인 '천상계의 기하학'이 아니라 '천상계의 물리학'이었다. 케플러는 태양 중심설이라는 점에서는 코페르니쿠스의 체계를 계승하고, 그에 더해 브라헤의 정밀한 관측 자료에 의거해 행성 운동을 연구함으로써 소위 케플러의 법칙을 이끌어내기에 이르렀다. 케플러의 사유에서 나타나는, 각각의 행성을 그 궤도에서 움직이게 하는 원동력이 태양에 있다고 보는 관점은 의심할 여지가 없는 것이었다. 또한 그는 태양으로부터의 거리와 행성의 속도가 반비례한다고 생각했기 때문에 태양과 행성을 잇는 선분은 그 행성궤도의 어느 곳에서도 일정한 시간에 일정한 면적을 그린다는 결론을 얻었다. 이것이 케플러의 제2법칙이다. 그리고 그는 이 법칙을 적용함으로써 코페르니쿠스도

받아들였던 원운동 개념을 폐기하고 그 대신에 타원 궤도를 상정하기에 이르렀다. 이는 행성이 태양을 초점으로 하는 타원 궤도를 그린다는 것이며, 이 원리가 케플러의 제1법칙이다. 이 책에서 케플러의 관심은 단지 천체 운동의 동역학적 구조에 머무는 것이 아니라 운동의 원인, 물체 간의 상호 작용, 중력 등 새로운 역학적 관점까지 넓혀져 있다는 것을 알 수 있다. 따라서 케플러는 코페르니쿠스의 천문학에서 실재성에 관한 주장을 제외하고 방법론적인 가설만을 보았던 오시안더Andreas Osiander와 필연적으로 적대적일 수밖에 없다. 헤겔은 케플러 이후 천문학상의 토론에서 항상 다시 등장하는 이러한 논쟁을 염두에 두고 있는 것이 분명하다. WN.

19) 라틴어 원문은 "rationes enim quantitatum, quas Mathesis exhibet, eam ipsam ob causam, quod rationes sunt, ……"이다. 노이저는 이것을 "Die Gründe für die Größen nähmlich, die die Mathematik erweist, sind eben deshalb, weil sie Gründe sind, ……"로 옮겼지만 이 책에서는 드 강의 불역본을 따랐다. 또한 수학적 비례나 이성을 의미하는 'ratio'를 두 의미를 동시에 살리기 위해 '이성적 비례 관계'라고 옮겼다. 불역본은 'rapports-rationnels'이라는 합성어를 만들어 쓰고 있다. dG. WN.

20) 헤겔의 견해에 따르면 17, 18세기 수학의 한 부문인 기하학과 산술학은 수학적인 것 전체를 파악하는 데 적절하지 않다. 왜냐하면 기하학은 단지 공간의 원리만으로 존재하므로 자연 전체에서 시간을 사상하며, 또한 산술은 오로지 시간의 원리에만 의지하므로 자연 전체에서 공간을 사상하기 때문이다. 자연 전체, 즉 살아 있는 자연은 공간과 시간의 통일에 의해 비로소 올바르게 파악된다. 따라서 공간과 시간의 통일인 수학적인 것 전체야말로 수학의 과제가 될 것이다.

21) 여기서 말하는 '고등 기하학sublimiore geometria'은 데카르트의 해석 기하학이라든가 라이프니츠, 뉴턴의 미적분학 등을 의미한다. 헤겔은 이 이론들에서 공간과 시간의 통일이 아직 형식에 머물러 있을 뿐 진정한 통일을 얻지 못했다고 생각한다. 시간과 공간이 참으로 개념적 통일을 얻어야 비로소 자연의 전체성을 파악할 수 있다는 것이 헤겔의 생각이다. 그에 따르면 이것이 가능한 이론은 참된 수학, 즉 자연에 내재하는 변증법적 구조의 수학적 표현으로서의 자연의 수학뿐이다. MK.

22) 이미 '(1) 뉴턴의 오류' 절에서 지적한 것처럼, 헤겔에 따르면 뉴턴의 첫 번째 오류는 물리학과 수학을 뒤섞었다는 것이다. 이는 흔히 《프린키피아》라 불리는 《자연철학의 수학적 원리》라는 저서의 제목에 그대로 표현되어 있다고 할 수 있다. 헤겔은 이 책의 많은 부분을 인용하면서 이 오류에 대해 비판한다.

23) 아이작 뉴턴, 《프린키피아》 전3권, 조경철 옮김(서해문집, 2000), 1권, 23쪽 정의 VIII 참조〔이 책은 앞으로 '뉴턴(2000)'으로 표시하겠다〕.

24) 뉴턴(2000), 1권, 22쪽 정의 VIII 참조. 《철학백과사전》〈자연철학〉 266절도 이와 동일한 문장을 인용하고 있으며 이에 대해 비판하고 있다〔헤겔(1986), Bd. 9, 70쪽 참조〕.

25) 뉴턴(2000), 1권, 11장 '서로 구심력을 미치는 물체의 운동에 관하여', 204쪽 참조. 헤겔이 지적하고 있지는 않지만 뉴턴이 '더 쉽게 이해할 수 있고 잘 알려진 방식'으로서 Impulsus(충격, 충돌)라는 개념을 사용하고 있는 것은 데카르트의 《철학의 원리 Principia philosophiae》에서 영향을 받았기 때문이라고 생각해도 좋을 것이다. MK.

26) 헤겔의 자연철학이나 자연관에서는 역학과 물리학의 구별은 기본적인 것이다. 헤겔은 초기의 체계와 후기의 완성된 체계에서 모두, 역학이 운동을 외적 동인에 의해서 발생하는 자연 현상(충격,

낙하 등)으로 규정하는 데 비해, 물리학은 운동을 자기 운동이자
제 자신이 규정하는 것으로 이해한다고 본다. 예를 들어 자기Mag-
netismus는 위에서 언급한 제 자신이 규정하는 개체 중 하나이다.
또한 물리학에서 운동은 항상 운동하는 물체 고유의 목적에 의해
서만 야기된다고 한다. dG.

27) 헤겔의 생각에 따르면 뉴턴의 첫 번째 잘못은 물리학과 수학의 혼
합물로 이루어진 체계를 고안해낸 것이다. 뉴턴은 물리학의 대상
을 역학의 방법으로 분석하고, 여기서 드러난 단순한 수학적 규정
들을 물리학적 규정과 구분하지 않고 있을 뿐 아니라 이것들을 서
로 뒤섞고 있다는 것이다. 수학은 물리학에 도움을 주는 데 불과
한 것이지 물리학이 아니다.

28) 헤겔은 케플러의 《신천문학》에 나타난, 만유인력과 달의 인력에
영향받는 밀물과 썰물에 관한 명제를 염두에 두고 있다(Johannes
Kepler, *New Astronomy*, (trans.) William H. Donahue(Cambridge
: Cambridge Univ. Press, 1992), 29~31쪽, 255~257쪽 참조.
이 책은 앞으로 '케플러(1992)'로 표시하겠다. 또한 Johannes
Kepler, *The Secret of the Universe*, (trans.) A.M.Duncan; introduction
and commentary by E. J. Aiton; with a preface by I. Bernard
Cohen (New York : Abaris Books, 1981), 30쪽 참조. 이 책은
앞으로 '케플러(1981)'로 표시하겠다). WN.
케플러는 지구와 달의 인력에 관해 매우 독창적인 이론을 가지고
있었다. 그는 밀물과 썰물을 달의 인력에 기인하는 것으로 설명하
는 합리적인 생각을 보여주기도 하지만 다른 한편으로는 그것을
지구의 호흡으로 설명하는 신비주의적인 생각에 사로잡혀 있기도
했다. 밀물과 썰물에 관한 합리적 이론의 측면은 뉴턴의 만유인력
의 법칙과 관련된 것이라고 생각할 수 있다. MK.

29) 헤겔은 케플러가 현상들 속에 제시된 수학적 규칙성을 있는 그대
로 받아들이는 순수한 예지의 전형을 보여주고 있는 데 비해, 뉴

턴은 가공으로 꾸며놓은 공허한 힘의 구조에 의존하고 있다고 말
한다[헤겔(1986), Bd. 9, 86쪽 참조].

30) 케플러는《신천문학》에서 '태양과 행성을 잇는 동경(반지름 벡
터)에 의해 그려지는 부채꼴의 면적은 운동 시간에 비례한다'는
것을 밝혀냈다. 헤겔은《행성궤도론》에서 케플러의 제2법칙, 다시
말해 '면적 속도 일정의 법칙'을 염두에 두고 있는 것으로 보인
다. 아래의 그림은 동경이 그리는 면적 속도가 궤도상의 어디에서
도 일정하다는 것을 보여준다. 결국 행성은 태양에 가장 가까운
점(근일점)에서 가장 빨리 움직이고 태양에서 가장 먼 점(원일점)
에서 가장 느리게 움직인다. 다시 말하면, 행성이 동일한 시간에
호 AB, CD, EF를 통과할 때 부채꼴 SAB, SCD, SEF의 면적은
같다는 것이 케플러의 제2법칙이다.

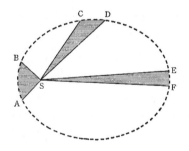

31) 여기서 헤겔은 뉴턴의 법칙이 케플러의 법칙을 재탕한 것에 불과
하다는 것을 보여주고자 한다. 이러한 헤겔의 생각은 평생 변하지
않았다. 뉴턴의 법칙이 중력의 원인을 포괄적으로 함의하고 있기
때문에 당연히 그것이 케플러의 법칙과 일치한다는 것을 지적할
수는 있을 것이다. 케플러의 법칙과 뉴턴의 물리학을 이와 같이
결부한 것은 헤겔이 처음은 아니다. 헤겔은〈자연철학〉270절과
그 보충에서 프랑쾨르L. B. Francoer의《역학의 기초Traité élé-

mentaire de méchanique》(Paris, 1807), 2권, 2장을 인용하고 있다. 마찬가지로 마틴B. Martin의《영국의 철학*Philosophia britanica oder Lehrbegriffe der newtonischen Weltweisheit, Sternkunde etc.*》(Leipzig, 1778)〔이 책은 앞으로 '마틴(1778)'으로 표시하겠다〕, Bd. 3, 241쪽에도 이러한 유래가 언급되어 있는데 아마 헤겔은 이것을 참조했을 것이다. 케플러는 자신의 법칙이 함의하는 것과는 반대로 작용력을 $\frac{1}{r^2}$이 아니라 $\frac{1}{r}$로 받아들였다〔뉴턴(2000), 1권, 2장 명제 IV 계 5 참조〕. WN.

32) 여기서 말하는 뉴턴의 명제는 케플러 제2법칙, 즉 '면적 속도 일정의 법칙'과 관련되어 있다. 그리고 이 절에서 헤겔이 반복해서 주장하는 것은 케플러의 법칙을 수학적 규정을 통해 변경하면 그로부터 간단하게 뉴턴의 법칙을 도출할 수 있다는 것이다. 따라서 인력은 궤도의 반지름과 행성의 회전 시간에 의존하는 일정한 수학상의 수치로 간주될 수 있다. 이 점에 관해서 헤겔은《철학백과사전》〈자연철학〉에서 다음과 같이 서술하고 있다. "뉴턴은 중력을 표현하기 위해 케플러의 법칙을 정리하여 $\frac{1}{r^2}$라는 수학적 규정을 도출했다. 그러나 그것은 이미 케플러의 법칙 안에 있었던 것이다. 그것은 원에 대한 정의에서처럼, $a^2 = x^2 + y^2$에서 연역된다. 이것은 변하지 않는 (반지름의) 빗변과 가변적인 직각변(가로 좌표 또는 코사인, 세로 좌표 또는 사인)의 관계이다"〔헤겔(1906), Bd. 9, 99쪽 270절 보충 참조〕. 여기서도 헤겔은 뉴턴의 법칙이 케플러의 법칙에서 도출되었다는 것을 보여주고자 한다. 헤겔에 따르면 케플러의 법칙이 실로 위대한 법칙으로 인정받는 것은 이 법칙이 사태의 이성을 극히 간명하게 나타내기 때문인데, 이에 반해 케플러의 법칙을 중력이라는 힘의 법칙으로 전환한 뉴턴의 공식은 어중간하게 짜 맞춘 공허한 반성에 불과하다. MK.

33) 라이프니츠는 역학적 관점에서 데카르트의 힘의 개념을 검토하면서 소위 '죽은 힘'과 '살아 있는 힘'이라는 개념을 구별했다. 아마 헤

겔은 《행성궤도론》을 쓸 때 라이프니츠가 《역학 시론*Specimen dynamicum*》에서 이 두 개념을 구별한 것을 참조했을 것이다. "힘은 이중적이다. 그 하나는 원초적 힘인데 나는 이것을 죽은 힘이라고 부르겠다. 왜냐하면 이 힘에는 아직 어떤 운동도 없으며 그저 운동을 불러일으키는 탄력이 있는 데 불과하기 때문이다. 그것은 총신에 장전된 탄환의 경우나 끈에 매여 있는 투석기의 돌의 경우와 같다. 다른 힘은 현실의 운동과 일치하는 보통의 힘인데 나는 이것을 살아 있는 힘이라고 부르겠다. 원심력이나 중력 또는 구심력도 죽은 힘의 실례이다. 그러나 낙하하는 추에서 생기는 진동의 경우나 원래 상태로 되돌아가 있는 활에서 생기는 진동의 경우에 힘은 살아 있다. 그것은 죽은 힘이 연속적으로 각인됨으로써 발생한다" 〔Gottfried Wilhelm Leibniz, *Specimen dynamicum*, (hrsg.) H. G. Dosch · G. W. Most · E. Rudolph(Hamburg, 1982), 13쪽〕. 이렇게 본다면 헤겔이 말하는 기계적(역학적) 힘은 '죽은 힘'이며 이에 반해 물리적 힘은 '살아 있는 힘'에 해당한다고 볼 수 있을 것이다. WN.

34) 헤겔은 두 가지 차원에서 뉴턴을 비판한다. 첫 번째는 천체 역학과 관련된 것으로 이 논문의 주제에 해당한다. 두 번째는 색채론과 관련된 것인데 이 부분은 이 논문에서 직접 다루어지지 않았다. 헤겔은 초기부터 괴테의 색채론에 대단히 흥미를 느끼고 있었다. 헤겔은 천체 역학에서 뉴턴을 배제하고 케플러에 주목한다면 색채론에서는 괴테를 지지한다. 헤겔의 논의에서 괴테의 색채론에 대한 관심은 뉴턴에 대한 그의 반감을 한층 고조시키고 있는 것으로 보인다. 다만 헤겔이 이 논문을 집필할 당시에는 괴테의 색채론 연구가 아직 초기 단계에 있었기 때문에 이 시기에 헤겔에게 영향을 준 괴테의 색채론은 《광학 논고*Beiträge zur Optik*》(1791~1792) 시기의 색채론이었을 것으로 추정된다. 그 후에도 헤겔이 뉴턴 광학에 철저히 반대한 괴테의 입장에서 벗어나지 않았다는

것은 분명하다. 헤겔은 괴테의 자연과학 분야의 주저《색채론 *Zur Farbenlehre*》(1810)이 간행된 후에 집필한《철학백과사전》〈자연철학〉에서도 괴테의 견해에 동의하면서 더욱 구체적으로 뉴턴의 광학 이론을 공격하기 때문이다. 뉴턴의 이론에 따르면 백색광, 즉 무색의 빛은 5색 내지는 7색이 합성된 것이다. 그러나 헤겔은 빛을 설명하면서 합성이라는 최악의 반성 형식을 끌어들여 밝음이 일곱 가지의 어둠으로 이루어져 있다고 보는 유치한 사고 방식에 대해 매도해도 좋다고 생각한다〔헤겔(1986), Bd. 9, 241쪽 이하 320절 참조〕. 이는 암실에 비춰진 태양 광선을 프리즘을 통과시킴으로써 백색광이 여러 가지 색과, 굴절률이 다른 여러 광선으로 이루어져 있음을 증명할 수 있다는 뉴턴의 광학 실험(소위 백색광 합성 실험)과 관련된 얘기다. 헤겔은 이 실험의 성과인 뉴턴의 합성설에 이의를 제기한 괴테를 지지한다. 괴테의 이론에 따르면 빛과, 빛에 대립하는 어둠이 서로 작용함으로써 특정한 색채가 만들어진다. 또한 괴테는 색채가 빛과 어둠이라는 자립적인 두 계기로 이루어져 있다고 말한다. 말하자면 색채는 빛과 어둠이라는 두 계기가 구별되어 있으면서 동시에 더 높은 통일로 고양되는 질적 관계에 기초를 두고 있다는 것이다. 괴테와 마찬가지로 헤겔도 밝음과 어둠, 두 계기를 통해 색채를 설명한다. "단독으로(이 용어에 관해서는 수 193을 참조하라 ― 옮긴이수) 실존하는 어둠과 단독으로 현존하는 밝음이 투명성을 매개로 구체적이고 개별화된 통일로 정립되면서 색채 현상이 발생한다"〔헤겔(1986), Bd. 9, 242쪽 320절〕. 괴테가 지적하는 것처럼 빛은 원래 단순한 것으로 정립되어 있기 때문에 프리즘과 같은 기계적 장치로는 분석할 수도 없고 양적 측정으로 규정할 수도 없다. 그런데도 뉴턴은 이를 거스르고 졸렬하고 부당한 관찰과 실험을 했다는 것이다. 그로 인해 뉴턴은 순수하지 못한 경험적 데이터로부터 추론하고 증명하고자 하는 수학적 오류를 범하고 있다는 것이다. 여기서도 뉴턴의 수학적 형식주의에 대한 헤겔의 일관된 관점을 엿볼 수 있다. "사람들은 뉴턴이 위대한 수학자이기 때문에 그의 색채론이 올바른 것처럼 말들을 한다. 그러나 수학적으로 증명할 수 있는 것은 양일 뿐 결코 물리적인 것이 아니다. 색채와 수학은 무관하다"〔헤겔(1986), Bd. 9, 255쪽 320절 보충〕. MK.

35) 뉴턴의 천체 역학에 나타나는 수학적 증명은 오직 '힘의 평행사변형의 원리'에 의한 분할과 종합에 바탕을 두고 있다〔뉴턴(2000), 1권, 55쪽 참조〕. 이 원리는 단순한 수학적 요청에 불과하기 때문에 헤겔은 이 원리가 취급하는 힘이 참된 힘이라고 할 수는 없다고 생각한다. 헤겔에 따르면 살아 있는 참된 힘과는 무관한 기계적 작용만을 취급하는 과학, 그것이 뉴턴의 역학이다.

36) 이러한 문제들에 관해서는 《행성궤도론》 제2장 2-(3)절 '평방과 입방체(물체의 낙하와 케플러의 법칙)'에서 서술된다.

37) 헤겔의 설명을 그림으로 표시하면 다음과 같다.

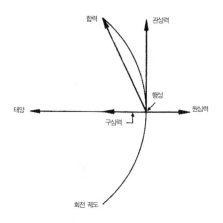

(이 그림은 헤겔이 그린 것이 아니라 노이저가 헤겔의 설명을 토대로 그린 것이다.)

헤겔의 설명은 뉴턴의 설명과는 명백히 다르다(드 강이 그린 다음 그림과 비교하라). 노이저는 이 그림이 서로 배타적인 두 개의 물리학적 이해를 동시에 포함하고 있다고 해석한다. 뉴턴의 '동여하적인' 행성 운동과《백과전서*Encyclopédie*》의 편집자인 달랑베르Jean Le Rond d'Alembert의 '정역학적인' 행성 운동이 그것이다. 헤겔은 뉴턴의 관성력과 달랑베르의 원심력을 혼동하고 있는 것이다. 노이저는 마틴의《영국의 철학》에서도 유사한 혼동이 발견된다는 것을 근거로, 헤겔이 아마도《행성궤도론》을 이 책에 의거해서 집필했기 때문에 같은 오류를 답습하게 되었을 것이라고 추측한다. WN.

드 강은 이러한 헤겔의 오류가 논증이 뛰어난 다른 부분까지도 무효로 만들어버릴 만큼 심각하다고 지적한다. 그는 헤겔이《프린키피아》의 기본적인 도식을 거꾸로 해석하고 있다고 말한다. 1권 2장 중 구심력의 규정에 관해 논하고 있는 명제 1에 따르면 "회전하는 물체가 부동의 힘의 중심까지 그려진 동경에 의해서 그리는 각각의 면적은 같은 부동의 평면 위에 있고 시간에 비례한다". 뉴턴은 이 명제를 '힘의 평행사변형의 원리'에 바탕을 두고 기하학적인 방법으로 증명하고 있다. 이 명제의 내용을 이루는 것은 케플러의 제2법칙, 즉 '면적 속도 일정의 법칙'이다〔뉴턴(2000), 1권, 51~53쪽 참조〕.

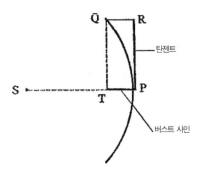

그렇다면 뉴턴은 중심의 힘에 의해 끌어당겨져 움직이는 물체의 궤도를 어떻게 나타내고 어떻게 분석하고 있는가? 이것을 그림으로 나타내면 다음과 같다.

(이 그림은 뉴턴이 그린 것이 아니라 드 강이 뉴턴의 설명을 토대로 그린 것이다.)

일정한 시간에 물체는 호 PQ를 그린다. 직선 PT, 즉 버스트 사인은 물체가 그 직선 궤도에서 벗어날 때 궤도 편차의 정도를 나타낸다. 궁형의 호는 움직이는 물체 P가 단지 중심의 힘(구심력)의 작용만 받아 그리는 직선 궤도의 일부라고 생각할 수 있다. 이에 비해 접선 PR은 어떤 힘의 영향에 의한 것이 아니라 단지 관성만으로 그려진 궤도의 일부분이다. 버스트 사인은 시간의 제곱에 비례하여 증대하고 탄젠트는 시간에 비례한다고 할 수 있다.

그런데 뉴턴은 탄젠트가 '원심력'을 나타낸다고 어디에서도 말하고 있지 않다. 앞의 그림에 대한 설명에서도 알 수 있듯이 탄젠트는 움직이는 물체에 가해진 힘의 작용에 대응하는 것이 아니라 단지 관성적인 궤도에 대응하는 것에 불과하다. 그런데 헤겔은 곡선운동에 대한 뉴턴의 역학적 분할을 변형함으로써 결과적으로 구심력과 원심력이라는 서로 다른 힘을 상정하게 된다. 이는 설명이 너무 간략한 탓일 수도 있지만 다른 한편으로 단순히 오해에서 비롯된 것일 수도 있다. 헤겔의 입장에서는 행성의 궤도와 그 속도변화를 뉴턴 역학적으로 설명하자면 방금 말한 이 두 힘의 조합에 의존하는 길 외에 달리 방법이 없었을 것이다. 예를 들면 궤도의 무한소의 각 부분은 두 힘의 합성인 동시에 원심력을 나타내는 탄젠트와 구심력을 나타내는 버스트 사인에 의해 구성되는 평행사변형의 대각선이라고 할 수 있다. dG.

38) 원어는 notio infiniti et ultimae rationis이다. 직역하면 '무한과 궁극의 비의 개념'이지만 라손은 Begriff des Unendlichen und der letzten, kleinsten Größe(무한과 무한 소량의 개념), 노이저

는 diesen Begriff des Unendlichen으로 읽었다. 옮긴이는 노이저를 따랐다. 이 부분은 헤겔이 뉴턴의 무한 소량 개념을 비판하는 대목이다.《프린키피아》, 1권〈물체의 운동에 관하여〉중에서 제1장 '뒤따르는 여러 명제의 증명을 돕기 위한 여러 양의 최초 및 최후의 비의 방법'에서 뉴턴은 '극한' 개념을 제시하고 있는데 헤겔이 이 부분을 염두에 두고 비판한 것이라고 생각된다. 이 극한의 방법을 사용하여 뉴턴은 라이프니츠와 마찬가지로 미적분법을 고안했는데, 헤겔은 그와 동일한 문제에 주목하고 있다. 헤겔은 이 무한 소량의 논리를, 어떤 종류의 가설을 세운 뒤 반복해서 이를 폐기해버리는 방식이라고 비판한다. MK.

39) 헤겔은《예나 논리학 *Jenenser Logik*》에서 수학자는 모두 무한한 근사치의 양적 규정과 무한성의 질적 규정 사이를 자의적으로 왔다 갔다한다고 비판한다. 또한 그는 무한소의 문제를 개념 대신에 감성적 표상을 가지고 속류적 방식으로 설명하고 있는 볼프 Christian Wolff의 방법을 비난한다. 볼프는 미분을 무시하는 것을 측량사의 방식에 비유해 측량사가 산의 높이를 측정하는 경우 산꼭대기에 모래가 얼마나 있는가와 측정의 정확성은 무관하다고 주장한다. 그러나 헤겔에 따르면 이와 같은 방식은 정확성을 요구하면서도 다른 한편으로는 상세한 것을 무시하는 것이다. 또한 그는 여기에 숨어 있는 모순을 해명하고 이것을 제거하는 데 여러 곤란이 따른다는 것을 지적한다. 여기에서 헤겔은 무한소의 관념에 뒤따르는 곤란과 이를 극복하고자 노력하는 수학자들의 다양한 방법을 평가하고 마지막으로 뉴턴의 미적분에 나타난 극한의 이행이라는 개념의 오류를 비판하고 있다(G. W. F. Hegel, *Jenaer Realphilosophie II*, (hrsg.) J. Hoffmeister(Hamburg : Felix Meiner Verlag, 1969), 302쪽 참조. 이 책은 앞으로 '헤겔(1969)'로 표시하겠다). 헤겔은《대논리학 *Wissenschaft der Logik*》에서는 뉴턴이 단지 계산을 통해 경험을 넘어서 있는 법칙들을 발견하고자 했

으며, 기하학적 기호로 되돌아가 이것에 실재적 의미를 부여하고
자 함으로써 그 자신은 어떤 존재도 갖지 않으면서 존재의 명제일
수 있는 명제를 발견하려 했다고 말한다〔헤겔(1986), Bd. 5, 320
쪽 참조〕. WN.

40) 여기서 말하는 실험 철학자란 영국왕립협회의 회원 및 베이컨,
훅, 로크, 뉴턴 그리고 마틴과 맥로린Colin MacLaurin 등이다.
영어권에서 '실험 철학experimental philosophy'이라는 용어는
뉴턴 이전에는 '전과 완전히 다른 자연 고찰 방식'을 의미했다.
그러나 여기서 헤겔은 뉴턴 이후의 실험 철학을 염두에 두고 있
다. WN.

41) 이 투석기 사례는《프린키피아》1권 정의 V의 설명에서 인용한
것이다. 그런데 뉴턴의 원문에는 이에 이어서 다음과 같은 설명이
뒤따른다. "(돌이 손에서 멀어지려는) 이 경향과는 반대로 궤도의
중심인 손 쪽으로 향해 있기 때문에 투석기가 돌을 끊임없이 손
쪽으로 끌어당기면서 궤도에 머물게 하는 힘을 나는 구심력이라고
부른다"〔뉴턴(2000), 1권, 19쪽〕. 이 설명에서도 알 수 있는 것
처럼 뉴턴은 원심력에 관해서는 어디서도 문제 삼고 있지 않다.
결국 뉴턴이 여기서 제시하고 있는 것은 구심력에 대한 정의일 뿐
이다. 물론 뉴턴은 투석기에서 회전하고 있는 돌에 작용하는 힘에
서 서로 상반되는 두 힘의 대립을 인정하고 있다. 휘두르고 있는
손에서 멀어지려는 경향과, 날아가려는 물체를 끊임없이 그 궤도
에 머물게 하면서 궤도의 중심인 손 쪽으로 향하게 하는 힘으로서
의 구심력과의 대립이 그것이다. 또한 뉴턴에 따르면 임의의 궤도
를 회전하는 모든 물체에서도 사정은 같다. 결국 물체는 모두 궤
도의 중심에서 멀어지려 하는데 균형을 잡기 위해 물체를 억제하
고 궤도에 머물게 하는 반대 방향의 힘(구심력)이 여기에 존재하
지 않는다면 물체는 직선을 따라 한결같은 운동을 하면서 날아가
버릴 것이다. 이는 분명 두 힘의 대립을 설명하는 것이다. 이 경우

중심에서 멀어지려는 충동을 물론 원심력이라고 부를 수도 있을 것이다. 이에 비해 물체를 중심을 향해 집중시키는 힘은 말할 것도 없이 구심력이다. 그리고 뉴턴에게 이 두 방향은 바로 직선 위에서 서로에 대해 반대로 작용하는 힘이다. 그렇지만 여기서 뉴턴은 투석기에서 돌이 풀리자마자 원의 접선 방향으로 날아갈 이 운동을 원심력의 작용에 의한 것이라고 간주하지는 않는다. 그러나 헤겔은 뉴턴이 제시한 투석기의 사례를 잘못 해석해, 돌이 접선 방향으로 날아가는 운동을 뉴턴이 원심력의 작용에 의한 것이라고 간주하고 있다고 해석한다. 헤겔에게 뉴턴의 원심력은 어디까지나 접선 방향으로 나아가는 힘 외에 다른 것이 아니었다. 이러한 오해 때문에 헤겔은 마지막까지 구심력 · 원심력이라는 이 두 힘을 일정한 각을 이루는 두 방향으로 분열된 두 개의 힘으로 간주하는 편견에서 벗어나지 못했던 것으로 보인다. 헤겔이 칸트Immanuel Kant가 말한 인력과 척력을 물질의 역학적 구성으로서 적극적으로 인식하고 있다는 점을 고려할 때 이 점은 더욱 분명해진다. MK.

노이저는 헤겔이 마틴의《영국의 철학》에서 원심력에 관한 정보를 얻었을 것이라고 추정한다. 마틴도 원심력을 추진 방향과 동일시하는 오류를 범하고 있다. 마틴은 이 원심력의 정의 배경에 관해서 다음과 같이 간결하게 표현하고 있다. 던져진 물체에는 숭놀(추진력)과 중력이라는 두 개의 힘이 작용한다. 한쪽의 힘에 의해 물체는 같은 시간에 같은 크기의 공간을 운동하지만 다른 쪽의 힘에 의해 물체는 낙하한다"〔마틴(1778), Bd. 1, 152쪽 이하〕. WN.

42) 화약의 힘으로 발사된 포탄의 사례도《프린키피아》의 정의 V의 설명에서 인용한 것이다〔뉴턴(2000), 1권, 20쪽 참조〕. 여기서도 특별한 언급 없이 원문을 인용하고 있지만 앞의 사례와 마찬가지로 이 인용문도 원심력을 대상으로 하는 것은 아니다. 그럼에도

불구하고 이 장에 대한 헤겔의 오해는 그대로《철학백과사전》〈자연철학〉에까지 지속된다[헤겔(1986), Bd. 9, 70쪽 269절 참조].

43) '인력과 척력의 대립'에 착안한 점으로 미루어 볼 때 헤겔이《프린키피아》이전의 뉴턴의 운동론을 염두에 두고 있는 것으로 보인다. 뉴턴은 이 두 개념에서 물질의 철학적 구조에 관해 영감을 얻은 게 분명하다. 이 때문에 그는 원심력이 물질의 고유하고 단순한 반발력에서 유래하는 형식이라고 생각했다. 칸트는《일반적 자연사와 천체론 *Allgemeine Naturgeschichte und Theorie des Himmels*》의 서문에서 자신의 우주론을 전개하면서 자연계 질서의 진화와 발전을 설명하기 위해 가장 기본적인 개념으로서 '인력'과 '척력'이라는 두 힘을 도입하고 있으며, 이 개념이 뉴턴 철학에게서 빌려온 것이라고 설명한다[Immanuel Kant, *Vorkritische Schriften bis 1768 1 Werkausgabe Band I*, (hrsg.) Wilhelm Weischedel(Frankfurt a. M.: Suhrkamp Verlag, 1977), Bd. I, 242쪽 참조. 이 책은 앞으로 '칸트(1977)'로 표시하겠다]. 헤겔은《행성궤도론》에서 이에 대해 평가하고 있는데 이러한 헤겔의 평가는《대논리학》에서도 마찬가지로 발견된다[헤겔(1986), Bd. 5, 203~208쪽 참조]. MK.

44) 여기서 말하는 철학은 셸링의 철학인 것으로 보인다. 헤겔이《행성궤도론》을 집필하던 당시 셸링은 스피노자주의의 입장에서 자연철학과 선험철학을 통일하는, 소위 동일철학을 확립하고자 했고, 이 입장을 표명한 책이《나의 철학 체계의 서술 *Darstellung meines Systems der Philosophie*》이다. 헤겔은 이 책을 마음에 두고 있다. "최초의 존재에 있어 A와 B의 실재성의 직접적인 근거로서 절대적 동일성은 중력이다"[Schelling, *Darstellung meines Systems der Philosophie. in Schelling Werke*, (hrsg.) M. Schröter(München, 1927), Bd. III, §54. 이 책은 앞으로 '셸링, *Darstellung*'으로 표시하겠다]. 이때 A와 B는 최초의 대립을 의미하며 인력과 척력을 가리킨다. 이 때문에 중력은 물질과 동등한 절대적 동일성의 특수

한 형태로 나타난다. 그래서 "물질계는 인력과 척력 사이에 균형을 형성하게 된다"(셸링, *Darstellung*, 57쪽). dG. 여기서 흥미로운 것은 셸링이 Schwerkraft라고 표기한 것을 헤겔은 경우에 따라 gravitas와 vis gravitatis로 구별하여 인용하고 있다는 것이다. 셸링은 gravitas에 해당하는 Schwere라는 표현을 사용하지 않는다

이에 반해 노이저는 헤겔이 본문의 서술을 셸링의《자연철학 체계 초안 서론*Einleitung zu dem Entwurf eines Systems der Naturphilosophie*》에서 인용하고 있다고 말한다(Schelling, *Einleitung zu dem Entwurf eines Systems der Naturphilosophie*(1799), 99쪽 참조. 이 책은 앞으로 '셸링, *Einleitung*'으로 표시하겠다). WN.

45) 마틴(1778), Bd. 1, 154～159쪽과 라플라스Pierre Simon de Laplace, *Darstellung des Weltsystems*, Aus dem Französischen von J. K. F. Hauff(Frankfurt a. M., 1797), Bd. 1, 291쪽 이하 참조(이 책은 앞으로 '라플라스(1797)'로 표시하겠다). WN.

46) 구심력과 원심력을 가리킨다.

47) 칸트가 말하는 인력과 척력이라는 서로 대립하는 두 힘을 상정하고 있는 것으로 생각된다. 셸링의 자연철학을 염두에 두고 있을 수도 있다. 셸링은 예나 대학을 떠나기 전에 이미《자연철학의 이념*Ideen zu einer Philosophie der Natur*》(1797)을 발표했고, 이 책에서 힘에는 인력과 척력이라는 서로 대립하는 두 개의 힘이 있음을 지적했기 때문이다. 셸링은 이러한 힘은 물질 없이는 생각할 수 없고 물질도 힘이 없이는 생각할 수 없다는 견해를 밝히고 있다. MK.

48) 헤겔에 따르면 뉴턴 물리학에서 각각의 힘 그 자체는 독립되어 있으므로 힘은 어느 것이나 자율적인 것으로 취급해야 한다. 이에 비해 헤겔이 말하는 참된 철학적 체계에서 힘은 이중적이며 그 이중적 힘은 동일한 실체로서 존재하기 때문에 힘의 균형이 유지되

고 따라서 서로 대립하는 힘을 따로따로 취급해서는 안 된다. 이
부분은 표면적으로는 셸링의 철학에 의존하고 있는 것처럼 보이지
만, 《정신현상학 *Phänomenologie des Geistes*》에서의 힘의 개념으로
발전해가는 헤겔의 독자적인 사유가 여기서 이미 엿보인다고 할
수 있다. dG.

49) 자연을 위조하는 데 힘쓰는 것은 역학이다. 헤겔에 따르면 역학은
관성적 물질을 취급하는데, 관성적 물질의 세계는 자의와 우연이
지배하고 있다. 이 때문에 역학은 살아 있는 자연을 파악할 수 없
다고 헤겔은 생각한다. 이러한 관점은 《피히테와 셸링의 철학 체
계의 차이 *Differenz des Fichteschen und Schellingschen Systems der
Philosophie*》에서도 발견된다. "자의와 우연은 더 낮은 차원의 입장
에서만 자리를 차지하기 때문에 절대자에 대한 학문의 개념에서는
추방되어 있다"〔헤겔(1986), Bd. 2, 108쪽〕.

50) 헤겔은 바더의 《기초 생리학을 위한 기여》를 참고했을 것으로 추
정된다〔Franz von Baader, *Beiträge zur Elementar-Physiologie*
(Leipzig, 1797), 236쪽 참조. 이 책은 앞으로 '바더(1797)'로
표시하겠다〕. 바더와 헤겔의 관계에 대해서는 주 101을 참조하라.

51) 여기서 헤겔이 '구심력', '원심력'이라는 용어를 사용하지 않고
고의로 vis ad centrum tendentis(중심으로 끌어당기는 힘)와 vis
tangentialis(접선력)로 에둘러 표현하고 있는 것은 이러한 힘을
오해하고 있는(헤겔은 그렇게 생각했다) 실험 철학을 염두에 두고
있기 때문일 것이다. MK.

52) 헤겔은 피타고라스의 정리를 철학적으로 확실한 근거를 가지고
있는 것으로 평가한다. 이 점을 고려하면 여기서 헤겔이 말하는
기하학은 피타고라스의 정리를 가리킨다고 생각된다〔헤겔(1986),
Bd. 6, 531쪽 ; 헤겔(1986), Bd. 9, 47쪽 256절 보충 참조〕.

53) 헤겔은 여기서 구심력과 원심력의 동등함을 논증하고 있다. 이때
헤겔이 제시하는 논거는 복잡하고 설득력이 결여된 것으로 보인

다. 그는 몇 줄의 명확하지 않은 논증 후에 원심력은 구심력과 같다는 결론을 도출하고 있다. 제시된 전제가 어느 하나도 명쾌하지 않기 때문에 이로부터 도출된 귀결도 불명료하다. 동일한 서술이 칸트(1964), Bd. I, 282쪽에서도 발견되며, 마틴과 호이헨스의 저술에도 나타난다. 특히 헤겔은 라플라스(1797), Bd. 1, 291쪽 이하를 참조했을 것이다. WN.

54) 《프린키피아》, 1권, 1장 '뒤따르는 여러 명제의 증명을 돕기 위한 최초의 비와 최후의 비의 방법'과 관련되어 있다[뉴턴(2000), 1권, 69~90쪽 참조].

55) 무한소 개념에 대한 헤겔의 비판과 연관되어 있다('무한소'의 관념에 대한 헤겔의 비판에 관해서는 주 39를 참조하라). 이와 관련된 서술이 《철학백과사전》〈자연철학〉에서도 발견된다. "뉴턴이 무한소에서는 모든 삼각형이 같다고 증명함으로써 무한소라는 표상은 사람들을 감탄시키고 있다. 그러나 사인과 코사인은 같지 않다. 만일 무한하게 작은 양으로 정립될 경우 양자가 같다고 한다면, 모든 것이 이러한 명제로 해결될지도 모른다"[헤겔(1986), Bd. 9, 99쪽 270절 보충].

56) 헤겔은 《철학백과사전》〈자연철학〉에서 '케플러 법칙의 뉴턴적 형식은 중력이 운동을 지배한다는 것과 중력이 거리의 제곱에 반비례한다는 것'이라고 시술하고 있다. 그리고 이 논기를 제시하기 위해 원주를 달아놓았는데, 거기서 라플라스의 《우주 체계론 Exposition du système de monde》(Paris, 1796), II권, 12쪽의 문장을 인용한다. "뉴턴은 이 힘이 실제로 거리의 제곱에 반비례한다는 사실을 발견했다." 그리고 《프린키피아》의 다음 문장도 인용하고 있다. "천체가 타원, 포물선 또는 쌍곡선에서 운동할 때 구심력은 거리의 제곱에 반비례한다"[헤겔(1986), Bd. 9, 96쪽 270절 보충].

57) 뉴턴은 《프린키피아》, 1권, 정의 V '구심력에 대한 설명'에서 투

석기를 예로 들고 있지만 마틴은 태양계와 돌 사이의 유추를 뉴턴의 설명보다 훨씬 설득력 있게 표현하고 있다. "이러한 종류의 운동의 본성을 이해하는 것은 매우 중요하다. 왜냐하면 태양계 전체에서의 운동도 이러한 운동을 바탕으로 하고 있기 때문이다. 예를 들어 회전 운동을 하는 물체 대신에 행성을, 중심점 대신에 태양을, 중심력 대신에 인력을, 그리고 충격 대신에 사물을 창조할 때 발현된 전능한 신의 힘을 본다면 (구심력으로 인한 운동의 본성을 — 옮긴이주) 쉽게 이해할 수 있을 것이다"[마틴(1778), Bd. 1, 159쪽]. WN.

58) 헤겔의 가정에 따르면 원운동에는 두 개의 힘이 필요하다. 하나는 중심으로 향하는 힘이고 다른 하나는 접선력이다. 이러한 헤겔의 가정은 헤겔이 관성의 원리를 알지 못했거나 이해하지 못했다는 사실을 보여준다고 볼 수 있다. dG.

59) 헤겔에게서 때때로 힘은 운동량과 함께 취급되는데, 그의 설명처럼 구심력을 단 하나의 힘, 즉 중력과 동일시하면 원운동은 오로지 중력에 의해서만 일어난다고 간주할 수 있다. 그렇다면 원심력은 필요 없게 될 것이다.

60) 이 두 힘의 관계 문제에 관한 헤겔의 기본적인 생각은 후기에 이르러서도 변하지 않는다. 이 문제에 관한 그의 비판은《대논리학》, 1권에서도 발견된다[헤겔(1986), Bd. 5, 451~455쪽 참조].

61) 원어 physica mechanica는 직역하면 '기계론적 자연학'이지만 헤겔이 여기서 염두에 두고 있는 것은, 역학 중에서 주로 운동과 힘의 관계를 해명함으로써 동역학적 세계관을 확립한 뉴턴의 물리학과 뉴턴에게서 영향을 받은 칸트의 동역학적 자연철학의 입장이므로 동역학적 물리학으로 옮기는 것이 적절하다고 생각한다.

62) 헤겔(1969), 23~24쪽 역시 이 명제를 옹호한다.

63) 여기서 헤겔은 라플라스의 논의를 참조하고 있다. 라플라스는 작

용하는 힘을 수직 분력('곡률 반경'의 방향)과 접선 분력으로 나누고 이렇게 서술한다. "전자는 원심력과 균형을 이루고 후자는 물체의 속도를 가감한다"[라플라스(1797), Bd. 1, 295쪽]. 그런데 헤겔은 수직 분력, 접선 분력을 각각 원심력과 구심력으로 오해하고 있다. WN.

64) 이 책 31쪽과 주 56을 보라. 그런데 거기서는 원심력이 아니라 구심력이 거리의 제곱에 반비례한다고 지적하고 있다.

65) 원심력이 거리의 제곱에 반비례한다는 주장은 라플라스의 주장을 가리키며, 거리의 세제곱에 반비례한다는 주장은 뉴턴의 문하생으로 에든버러 대학 수학 교수를 역임한 맥로린의 주장[《뉴턴 철학 주해 *Expositio philosophiae Newtonianae*》(Wien, 1761), 387쪽]을 가리킨다. WN.

66) 헤겔은 뉴턴 물리학의 논증 방식이 동어반복적인 근거에서 이루어진 형식적인 설명에 불과하다고 비판한다. 힘에 관한 뉴턴의 동어반복에 대한 논박은 《대논리학》에서도 발견된다[헤겔(1986), Bd. 6, 98~102쪽 참조]. 이 주제는 1801년의 논문들에서는 아직 발견되지 않는다. 이러한 비판이 나타나기 시작한 것은 《예나 논리학》에서다[G. W. F. Hegel, "Jenenser Logik, Metaphysik und Naturphilosophie", *Realphilosophie I*, (hrsg.) Georg Lasson (Hamburg · Felix Meiner Verlag, 1967), 41~63쪽 참조. 이 책은 앞으로 '헤겔(1967)'로 표시하겠다]. 이 책에서 헤겔은 힘의 개념에 관해서 상세히 다루고 있으며 동어반복의 개념도 언급한다. 예를 들면 '설명'의 동어반복이나 힘의 동어반복에 관해서 비판하고 있다. 이 점에서 '반성'의 부정적인 측면과 긍정적인 측면이 체계가 전개되면서 서로 연관되는 것으로 보인다. 나아가 헤겔은 힘과 근거에 관한 자신의 견해를 명확하게 함으로써 뉴턴의 설명 방식에 대한 비판을 확정한다. 헤겔에 따르면 힘의 개념의 두 계기는 각각 독립된 것으로서 존재하는 것이 아니라 오히려 불가

분의 관계에 있는 것으로 간주된다. 즉 힘은 자신의 현상의 단순한 실체로서 존재하며 그것만으로는 고유의 내용을 갖지 않는 단순한 반복에 불과하다. 그러나 다른 한편으로 힘은 자신에게 되돌아온 반성으로서의 힘이다. 이때에는 분명히 '부정적 통일' 의 개념이 요청된다는 것을 알 수 있다. 이러한 점에서 《예나 논리학》은 이 논문보다 훨씬 풍부한 내용을 제시하고 있으며 《대논리학》의 서술을 예고하고 있다. dG.

67) 실제로 라플라스는 그렇게 서술하고 있다〔라플라스(1797), Bd. 1, 300~306쪽 참조〕. WN.

68) 이 부분에서 헤겔은 마틴(1778), Bd. 1, 161~173쪽에 의존하고 있다. WN.

69) 헤겔은 《프린키피아》, 3권, 명제 19와 20에 바탕을 두고 적절한 예를 인용하고 있다. 뉴턴에 따르면 중력은 적도에서는 감소한다. 지형이 남북 양극보다는 적도에서 융기해 있으며, 그래서 지구가 남북 양극에서 평평하게 되어 오렌지 모양을 하고 있기 때문이다. 적도는 지구의 중심에서 그만큼 멀어지게 되어 중력이 한층 약해진다는 것이다. 그리고 이는 진자의 실험에 의해서 증명될 것이라고 주장한다. 뉴턴의 중력 이론에 따르면 중력이 약해짐에 따라 낙하에 바탕을 둔 진자의 진동이 당연히 한층 완만해질 것이기 때문이다〔뉴턴(2000), 3권, 836~848쪽 참조〕.

70) 프랑스의 옛 도량 단위.

1투아즈 = 6피트

1피트 = 12졸

1졸 = 12라인

1피트 = 0.3248394미터

71) 《프린키피아》, 명제 19에서 인용한 서술인데, 이 일련의 수치들을 헤겔 자신이 프랑스 도량 단위로 바꿨다〔뉴턴(2000), 3권, 836~841쪽 참조〕.

72) 헤겔의 이러한 생각은 잘못된 것이다.

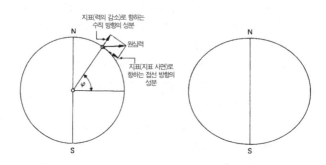

(이 그림은 헤겔이 그린 것이 아니라 노이저가 헤겔의 서술을 토대로 그린 것이다.)

N-S축을 회전 운동하는 구형의 지구는 위도 φ의 지점에서 원심력을 갖는데, 이때 지표를 향해서 수직 상태에 있는 원심력의 성분은 이 원심력 때문에 지상 물체의 무게가 어느 정도 감소하는가를 보여주는 것이다. 이 힘의 성분에 대해서 수직 상태에 있는 힘의 성분은 물질이 적도 쪽으로 어느 정도 강하게 끌어당겨지는가를 보여준다. 그런데 헤겔이 여기서 말하고 있는 '접선력'은 원심력을 의미하는 것이 아니고, 구심력과 원심력에 대해서 수직 상태에 있으며 시계(視界) 방향으로 함께 있다. WN.

73) 헤겔은 여기서 뉴턴의 관점과 정반대의 관점에서 적도상에서 진자가 느려지는 현상을 설명하고자 한다. 헤겔에 따르면 진자의 운동은 단순한 낙하 운동에 의한 것이 아니라 옆으로부터 충격이 가해짐으로써, 즉 원심력의 작용이 가해짐으로써 일어나는 현상이다. 그런데 적도에서 중력은 중력의 중심에 가깝기 때문에 한층 커질 것이다. 그렇다면 구심력이 한층 강하기 때문에 '수직 낙하선에 의해서 야기되는 구별', 즉 수직의 낙하 방향에서 옆으로 쏠리는 현상이 더욱 심하게 방해받게 될 것이다. 여기서 진자는 더

욱 강하게 수직선 방향으로 되돌아오려 하고 이 때문에 점점 느려
질 것이다. 헤겔의 이러한 관점은 《예나 자연철학》에서도 발견되
며, 《철학백과사전》〈자연철학〉에서도 계속된다. "진자 운동은 그
본질상 정지로 이행한다"〔헤겔(1967), 249쪽〕. "진자 운동을 정
지시키는 것은 마찰만이 아니다. 설령 마찰이 없다 해도 진자는
정지하게 된다. 중력은 진자를 물질의 개념에 의해 정지시키는 힘
이다……그리고 진동은 낙하선에서 정지하다"〔헤겔(1986), Bd.
9, 74쪽 266절 보충〕. MK.

74) 지구가 양극 방향으로 늘여져 있는, 즉 세워진 달걀과 같은 타원
체라는 점을 말하고 있다. 뉴턴이 주장하는 오렌지형의 지구 형태
와 대립된다. 주 75를 참조하라.

75) 18세기 초, 프랑스 지식인들 사이에서 '지구의 형태'가 화제가 되
었다. 데카르트의 가설(《철학의 원리》, 154, 157쪽 참조)에 근거
하여 카시니Jacques Cassini가 측정한 바에 따르면, 자오선의 만
곡은 적도가 가까워짐에 따라 완만해지기 때문에 지구의 형태는
적도에서는 평평하게 되어 있고 양극 방향으로 늘여진 타원체(세
워진 달걀형)이다. 그러나 이 가설은 남북 양극이 평평한 타원체
라는 뉴턴의 이론적 결론(오렌지형)에 반하는 것이었다. 이 때문
에 지구의 형태에 관한 두 가설을 둘러싸고 논쟁이 벌어지게 되었
다. 1735년 파리 과학아카데미는 이 논쟁에 종지부를 찍기 위해
지구를 실제로 측량하는 학술 조사단을 파견하기로 결정했다. 라
콩다민La Comdamine이 지휘하는 조사단은 남아메리카의 페루
에 파견되어 8년 동안 측량하고 조사했다. 모페르튀Pierre-Louis
Moreau de Maupertuis가 지휘하는 조사단이 1736년부터 1738년
까지 라플란드 지방에 파견되었다. 관측 결과 위도가 높아질수록
호의 길이가 길어진다는 사실이 밝혀졌고 이를 통해 뉴턴의 가설
(오렌지형)이 올바르다는 것이 증명되었다. 그런데 헤겔은 이 책
에서 카시니의 설에 의존해, 적도에서 지형이 평평하게 되어 있을

경우에도 뉴턴의 가설처럼 진자의 진동이 느려지는 이유를 설명할 수 있다고 주장하고 있는 것이다.

드 강은 헤겔이 볼테르 시대의 과학자들이 몰두했던 논쟁을 재개하려 한 것에 대해 회의적으로 보면서, 더구나 구심력과 원심력을 뒤바꾸면서까지 헤겔이 카시니의 이해로 되돌아가려 한 것을 이해할 수 없어 한다. 1735년의 학술 조사단이 자오선의 호의 크기를 측정했지만 그 결과는 자오선의 호의 크기가 중력에 관한 가설들과는 무관하다는 것이었기 때문이다. dG.

노이저는 헤겔의 이 문장이 나머지 논증과 모순된다고 지적한다. 헤겔의 다른 저작 어디서도 지구가 적도에서 평평하다는 주장은 나타나 있지 않다고 한다. WN.

76) Schelling, "Von der Weltseele"(1798), *Schellings Werke*(1794~ 1798)(Darmstadt, 1980), 449쪽 참조〔이 책은 앞으로 '셸링, *Von der Weltseele*'로 표시하겠다〕.

77) Schelling, *Darstellung*, 72절 주해 참조.

78) 뉴턴은 《프린키피아》, 정의 VII과 정의 VIII에서 운동을 일으키는 힘과 가속하는 힘을 구별한다. 이중 전자는 일반적인 힘을 일컫고 후자는 단순한 가속도를 의미한다〔뉴턴(2000), 1권, 22쪽 참조〕.

79) 원어는 massa로서 독일어 Masse에 해당하며 원래 혼을 의미한다. 힘이 물체를 움직이려 할 때 물체는 다른 것의 작항에 저항하여 자신의 상태를 지키고자 한다. 결국 모든 물체에는 원래 이러한 관성이 있으며 이 관성의 크기가 그 물체가 갖는 물체의 분량으로서 질량이다. MK.

뉴턴은 《프린키피아》의 들머리 정의 I에서 이 용어를 물체의 단순한 중량과 구별하여 독자적인 의미로 사용하고 있음을 밝히고 있다〔뉴턴(2000), 1권, 17쪽 참조〕. 헤겔도 이를 《대논리학》, 1권, 3편 도량Maß에서 중요하게 다루고 있다〔헤겔(1986), Bd. 5, 387쪽 이하 참조〕.

80) 라플라스를 염두에 두고 있으며, 그의 저서《우주 체계론》에서 암시를 받았을 것이다[라플라스(1797), Bd. 2, 17~21쪽 참조]. '어떤 사람들'이란 라플라스를 중심으로 하는 일군의 물리학자들을 가리킨다. WN.

81) 라플라스(1797), Bd. 2, 28~37쪽 참조. WN.

82) 뉴턴에 따르면 목성의 위성을 궤도에 묶어두는 힘은 목성의 중심을 향해 있고, 중심으로부터 이들 위성까지의 거리의 제곱에 반비례한다. 이는 토성의 위성에 관해서도 마찬가지다. 그리고 주행성들을 궤도에 묶어주는 힘은 태양을 향해 있고, 태양의 중심에서 이들 행성까지의 거리의 제곱에 반비례한다. 이러한 명제들은 모두 물체를 끄는 힘이 질량에 정비례하고 거리의 제곱에 반비례한다는 중력의 법칙을 증명한다[뉴턴(2000), 3권, 811쪽 이하 참조]. MK.

83) 일반적으로 말해서 힘의 개념을 정립한 학문은 근대 물리학이다. 예를 들어 데카르트의 소용돌이설은 우주에 충만한 유동체의 소용돌이를 통해 중력 현상을 설명하려는 것이었다. 또한 갈릴레오의 관성의 법칙은 물체에 대한 힘의 작용에 의한 속도의 변화(가속도)를 해명했다. 더욱이 케플러는 물체 사이에서 끌어당기는 힘(인력)을 일종의 자기력이라고 간주했는데 이 힘은 양 규정에 의해 나타낼 수 있는 개념이었다. 역학적 힘의 개념이 확립된 것은 뉴턴 이후의 일이었다. 갈릴레오에 의한 지상의 낙하 운동의 법칙과 케플러의 천체 운동의 법칙이 뉴턴의 동역학에서 통일되기 때문이다. 그 결과 인력은 질량에 정비례하고 거리의 제곱에 반비례한다는 중력의 법칙이 확증되었다. 헤겔은 여기서 이러한 역사적 전개를 염두에 두면서 그 귀결로서 특히 뉴턴의 법칙을 비평하고 있는 것으로 보인다.

라이프니츠는 힘이 물체에 내재한다고 생각했지만 뉴턴은 힘이 중심 물체 속에 있다고 생각하지 않았다. 오히려 그는 중력의 법칙에 따라서 감소하는 힘에 대해 논하고 있다. 이에 비해 헤겔은 전체적인 힘이라든가 중심 물체에 의해 야기되는 힘의 작용의 장(場)을 고려해야 한다고 생각한다. 예를 들어 두 개의 중심력이 각각 다른 거리에 동일한 작용을 미치는 경우 이 양쪽에서 그들의 거리는 같다고 간주된다. 이 때문에 좀더 먼 거리에 작용하는 힘은 좀더 큰 힘을 가지고 있는 것으로 규정된다. 이러한 의미에서 '인력은 거리에 정비례한다'고 할 수 있을 것이다. 따라서 힘이 의미하는 바는 뉴턴의 경우와는 전혀 다르다는 것을 알 수 있다. MK.

84) 중량이라는 용어가 여기서는 단지 무게를 나타내는 일반적인 의미와 지렛대의 길이에 의해 배가되는 중량이라는 의미를 모두 포함하고 있어 애매하기는 하지만 이를 헤겔의 수사학적인 재치로 이해할 수도 있을 것이다. MK.

85) 라틴어 원문은 gravitas una eademque est로서 직역하면 '무게는 동일한 것이다'이다. 드 강은 '무게는 일정 불변하는 것이다la gravité est une, qu'elle est constante'로 의역했다. dG. 문맥상 드 강의 의역이 쉽게 이해된다고 본다.

86) 뉴턴의 만유인력의 법칙과 관련해 그 법칙의 발견에 얽힌 사과의 전설이 언급되고 있는데 헤겔은 볼테르의 《철학 서간》에서 그 근거를 얻었을 것이다. "뉴턴은 어느 날 정원을 거닐다가 열매가 나무에서 떨어지는 것을 보았을 때, 모든 철학자가 그렇게 오랫동안 그 원인을 밝혀내려 했으나 보람도 없었고 일반 대중은 한 번도 거기에 무엇인가 불가사의한 것이 있다고 느끼지 못한 중력에 관해 깊은 명상에 빠졌다"[볼테르(1985), 66쪽]. 1727년 뉴턴이 사망한 직후, 당시 영국에 망명해 있었던 볼테르가 뉴턴의 생가를 방문해서 집안 일을 맡고 있던 뉴턴의 조카에게서 이 사과 이야기를 들었다고 한다. WN.

87) 헤겔은 이 부분을 《프린키피아》, 3권, 명제 6 '물체의 중량은 그

물체들 각자가 지니고 있는 물질의 양에 비례한다'에서 자유롭게
인용하고 있다. 그리고 이 명제는 계 1 '물체의 중량은 그 생김과
구조에 좌우되지 않는다'와 계 5 '중력은 자기력과는 본성이 다른
것이다'에 의해 증명된다. 또한 헤겔이 '데카르트, 아리스토텔레
스 및 다른 철학자들의 주장'이라고 한 표현도 실은 앞의 책에서
빌려온 것이다[뉴턴(2000), 3권, 817~822쪽 참조]. 다만 뉴턴
의 원전에서 이들 철학자의 주장이 정확히 인용되어 있지 않은 탓
에 그 원전을 근거로 해서 헤겔이 재인용하고 있는 이들 주장의
출처가 어디인지 확인할 수가 없다. 앞서 말한 철학자들의 주장으
로서 헤겔이 '물체의 중량은 각각의 물질의 형상에 좌우된다'는
명제를 인용하고 있는데 그 의미는 아리스토텔레스의 《자연학
Physica》과 데카르트의 《철학의 원리》를 가리켜 말하고 있는 것으
로 생각된다. MK.

88) 뉴턴(2000), 3권, 818쪽.

89) 주 35를 참조하라.

90) 초기 칸트 철학에서 물질의 특성을 나타내기 위해 '몰생명성
Leblosigkeit'이라는 개념이 나타난다는 사실이 헤겔의 관심을
끌었을 것이다. 왜냐하면 헤겔은 《피히테와 셸링의 철학 체계의
차이》에서 칸트에 대해 다음과 같이 쓰고 있기 때문이다. "칸트의
자연과학에 있어 근본적인 힘에 대한 통찰은 애초에 불가능하고
다른 한편으로 자연은 물질, 즉 절대적으로 대립해 있는 것이자
제 자신을 규정하지 못하는 것이기 때문에, 칸트의 자연과학은 단
지 역학을 구성할 수밖에 없다. 그것은 인력과 반발력이라는 빈약
한 개념을 사용하고 있는데 그러한 빈약한 개념을 가지고 물질을
풍부하게 할 수는 없다. 왜냐하면 힘은 외적인 것을 산출하는 내
적인 것이며 제 자신을 정립하는 것, 다시 말해 자아와 같은 것이
고 따라서 이러한 것은 순수하게 관념론적인 입장에서는 물질에
귀속될 수 없기 때문이다. 칸트는 물질을 단순히 객관적인 것, 자

아에 대립하는 것으로만 파악한다"〔헤겔(1986), Bd. 2, 112~113쪽 참조〕. dG.

91) "따라서 자연의 같은 결과에 대해서는 가능한 한 같은 원인을 부여해야 한다"〔뉴턴(2000), 3권, 799쪽〕.

92) "물체의 여러 성질 가운데 증강되는 것도 경감되는 것도 허용하지 않으면, 우리의 실험 범위 내에서 모든 물체에 속하고 있다고 알려진 것은 이 세상 모든 물체의 보편적인 성질로 봐야 한다"〔뉴턴(2000), 3권, 799쪽 이하〕. 그런데 헤겔이 볼 때 물질에 대해 힘의 외면성을 지지하는 것은 거부해야 할 사고 방식이다. 규칙 3에 따라 모든 물체에 부합하는 것은 모든 물체에 보편적인 성질로 간주해야 한다고 하면서 왜 뉴턴이 무게를 물체의 본질적 속성으로 간주하지 않는지 헤겔은 이해하기 어려웠을 것이다. 여기서 헤겔의 사고 방식은 다음과 같이 전개된다. 운동을 통해 식별되는 차이, 즉 지상에서의 낙하 운동과 행성의 자유 운동 사이에 보이는 차이가 존재한다. 한편 앞의 규칙 2와 3을 통해 무게가 보편적인 것이라는 사실을 알 수 있다. 그러나 뉴턴은 행성과 돌이 각각 상이한 운동을 한다는 것이 명백하기 때문에 이 차이를 설명하기 위해 원심력을 제시한다. dG.

93) 뉴턴의 자연철학에 포함되어 있는 신의 관념에 대해 간략하게 서술하면 다음과 같다. 《프린키피아》, 3권, 명제 5에서 "천체를 그 궤도상에 유지하는 힘을 이제까지 구심력이라고 불러왔지만 그것이 중력임이 밝혀졌으므로 이제부터는 중력이라고 부르기로 하자"는 주석이 보인다. 우리는 여기서 규정된 중력이 우주에서 천체 운동의 궁극적인 원리로 제시되어 있음을 알 수 있다. 그러나 그와 동시에 동시대의 천문학이나 물리학 분야뿐만 아니라 철학의 영역에서도 중력의 본성 또는 중력의 원인을 둘러싸고 여러 의문이 제기되었다. 뉴턴의 성가를 높여준 또 하나의 저술인 《광학 *Optics*》의 라틴어판(1706) 제3권에 추가된 '의문'에서 뉴턴은 자

신의 이신론적 자연관을 다음과 같이 제시한다. "모든 유형의 사물은 견고한 고체 입자로 구성되고 최초의 창조에서 총명한 능동자의 의도에 따라 다양하게 결합되었다고 생각된다. 유형의 사물에 질서를 부여하는 것은 그것들을 창조한 자에 어울리기 때문이다. 그리고 만일 그것이 신의 작업이라면 세계의 기원을 다른 것에서 찾는 것, 즉 세계가 단순한 자연 법칙에 따라 혼돈에서 발생했다고 주장하는 것은 비철학적이다. 일단 형성되면 세계는 자연 법칙에 따라 거의 영원히 지속될 수 있을 것이다. 왜냐하면 혜성이 편심원의 궤도에서 움직이는 데 비해 모든 행성은 아주 약간의 불규칙성을 보이기는 하지만 동심원의 궤도를 같은 방향으로 운행하는데, 이것은 맹목적인 운명이 요행으로 할 수 있는 일은 아니기 때문이다"〔Isaac Newton, *Optics : or a treatise of the reflections, refractions, inflexions & colours of light*(New York : Dover, 1952), 384쪽〕.

《프린키피아》 제2판(1713)에서 뉴턴은 신의 문제를 다룬 '일반적 주석'을 덧붙인다. 그는 중력의 원인을 현상에서 발견할 수 없었다고 하면서 이 의문에 관해 '나는 가설을 만들지 않는다'는 태도를 취한다. "가설은 그것이 형이상학적인 것이든 형이하학적인 것이든 또는 초자연적인 것이든 역학적인 것이든 실험 철학에서는 어떠한 자리도 차지할 수 없기 때문이다. 이 철학에서는 특수한 명제가 현상에서 추론되고 귀납을 통해 일반화된다. 이리하여 물체의 불가침성, 가동성, 충돌력 그리고 운동과 중력의 법칙이 발견되었던 것이다"〔뉴턴(2000), 2권, 564~565쪽〕. 그럼에도 불구하고 그는 중력의 원인에 대해 생각하지 않을 수 없었다. 이 문제를 앞에 두고 그가 마음속으로 얼마나 동요했는지는 같은 주석에서 그가 다음과 같이 쓰고 있는 것을 보아도 명백하다. "이 태양, 행성, 혜성의 장대하기 짝이 없는 체계는 전지전능의 존재의 심려와 지배에 의해서 만들어진 것임에 틀림없다. 또 만일 항성이

다른 동일한 체계의 중심이라고 한다면 그것들도 동일한 전지전능의 의도 아래 형성되고 모든 유일자의 지배에 복종하지 않으면 안 될 것이다"〔뉴턴(2000), 2권, 561쪽〕.

여기서 나타난 신에 관한 논의를 둘러싸고 라이프니츠와 뉴턴의 대변자인 클락Smith Clack 사이에 논쟁이 있었다. 그리고 이 논쟁을 통해 뉴턴의 역학적 세계관과 그 신봉자들 내에서 소위 '신에 대한 간청'이 점점 명확해졌다고 할 수 있다. 물론 뉴턴 시대에 이런 논쟁이 있었지만 헤겔이 《행성궤도론》을 준비하고 있었던 18세기 말부터 19세기 초에는 $F=Gmm^1/r^2$이라는 함수 형식으로 표현되는 중력이 지상의 낙하 운동과 천체의 운동을 수미일관하게 설명함으로써 일반적인 신뢰를 얻고 있었다는 점은 분명하다. 헤겔은 이러한 사실을 무시하고 있는 것이다. MK.

94) 특히 라이프니츠와 그의 제자들이 이러한 비난을 퍼붓는다. 웨일스 공작에게 보내는 편지에서 라이프니츠는 "뉴턴이 신의 권능과 예지에 관해 천박하고 가치 없는 견해를 감히 입 밖에 냈는데 그것은 그가 공간을 세계를 감각하기 위한 기관으로 표현하고, 이를 통해 신을 자신의 창조자와 분리해 시계 제조공과 같은 것으로 위조했기 때문"이라고 쓰고 있다. "내 견해로는 신의 작품에서 힘들은 여전히 아무래도 좋은 것으로 머물러 있고 더구나 자연의 법칙에 따라, 그리고 아름답고 미리 규정된 질서에 따라 물질의 한 부분에서 다른 부분으로 나아간다"〔A. Koyré, Von der geschlossenen Welt zum unendlichen Universum(Frankfurt a. M. : Felix Meiner Verlag, 1980), 211쪽 이하〕. 이에 관한 헤겔의 비판은 《철학백과사전》〈논리학〉에서 찾을 수 있다〔헤겔(1986), Bd. 8, 272쪽 참조〕. WN.

95) 헤겔(1986), Bd. 2, 103쪽 이하 참조.

96) Schelling, "Allgemeine Deduktion des dynamischen Prozesses oder der Kategorien der Physik"(1800), *Schelling Werke*, (hrsg.)

M. Schröter, Bd. 2 (München : Beck, 1965), 635~712쪽, 395 쪽 참조.

97)《피히테와 셸링의 철학 체계의 차이》에서도 이와 흡사한 철학상 의 전환점이 언급된다. 어쨌든 칸트와 피히테의 철학에서 셸링 철 학으로의 이행이 시사되고 있다.《피히테와 셸링의 철학 체계의 차이》에 근거해 우리는 헤겔이 시사하는 철학에 대한 요구를 추측 해볼 수 있다. 그것은 칸트나 피히테의 철학 체계에서 보이는 자 연에 대한 부당한 취급(이들 철학에서의 부당한 자연 고찰)에서 방향을 전환해 셸링의 철학 체계에서 보이는 방식, 즉 '이성 그 자신을 자연과 조화시키고자 하는 철학에 대한 요구'라고 이해된 다. 자연과의 조화란 "이성이 스스로를 단념한다거나 또는 이성이 자연의 김빠진 모방자가 된다는 의미에서의 조화가 아니라 이성이 내적인 힘에 기초하여 자기 자신을 자연으로 형성해간다는 의미에 서의 일치"〔헤겔(1986), Bd. 2, 13쪽]라고 한다.

그런데 칸트의 자연 형이상학에서의 물질의 동역학적 구성설에 따르면, 인력과 반발력은 서로 제약하고 있는 물질의 계기이다. 헤겔이 이러한 동역학적 물질관을 높이 평가하고 있다는 것은 분명하다. 왜냐하면 헤겔은 칸트가《자연과학의 형이상학적 원 리 *Metaphysische Anfangsgründe der Naturwissenschaft*》에서 전개한 시 도(앞에서 말한 물질의 구성설)가 물질 개념의 단초가 되었고, 이 시도에 따라 자연철학이라는 관념이 시작되었다고 생각했기 때문 이다. 그런데 동시에 헤겔은 칸트의 이러한 시도를 비판한다. 헤 겔에 따르면 칸트는 인력과 반발력이라는 반성 규정을 어디까지나 대립하는 것(또는 서로 고정된 것)으로 간주하고 물질이 이 둘에 서 발생한 것이라고 생각하면서 한편으로는 물질을 하나의 완성된 것으로 전제하고 있다. 그렇게 되면 이미 존재하고 있는 물질이 끌어당겨지거나 반발하는 것이 되어버린다. 그래서 헤겔은 다음과 같이 말한다. "이 둘을 독립되어 있는 것 또는 힘으로서 따로따로 떨어져 있는 것으로 생각해서는 안 된다. 물질은 이 둘이 개념 계기인 한에서 이 둘의 결과로 발생한 것이지만, 물질은 이 둘의 현상에 대해서는 전제된 것이다"〔헤겔(1986), Bd. 9, 61쪽 ; Hegel, *Naturphilosophie. Bd. 1. Die Vorlesung von 1819/1820*, (hrsg.) M. Gies. In Verbindung mit K. H. Ilting(Napoli : Naepel, 1982), 55쪽. 이 책은 앞으로 '헤겔(1982)'로 표시하겠다. ; 헤겔(1986), Bd. 5, 428쪽 ; 헤겔(1986), Bd. 8, 207쪽 참조〕. WN.

98) 라틴어 원문은 "Gravitas materiam ita constituit, ut materia est objectiva gravitas"이다. 풀어서 이해하자면 물질은 객관적으로 나타난 무게라고 할 수 있을 정도로 무게가 물질의 본성을 구성한다는 의미이다.

99) 《행성궤도론》을 작성할 당시 헤겔이 '응집선'에 관해서 어떻게 이해하고 있었는지 자세히 알 길은 없다. 다만 우선 칸트가 '인력과 반발력'이라는 두 힘의 대립을 도입하고 있는 것에 주목할 수 있다. 셸링의 자연철학도 칸트의 이러한 양극성 Polarität의 관점을 계승하고 있는 것으로 볼 수 있다. 셸링에 따르면 대립하는 두 힘의 중간 지점에 힘의 평형점으로서 무차별점이 존재한다고 생각할 수 있고, 이것이 길이의 차원을 얻어 자력(자기성)의 개념이 성립한다는 것이다. 자력은 물질의 추상적인 규정인데, 이것은 대립하는 양극 사이에 작용하는 베터아 벨 수 없는 힘의 합일로서 보는 자연적 발생의 근본적 형식이다.

헤겔은 이러한 칸트, 셸링의 동역학적 물질관에서 암시를 받아 응집력 Kohäsion이라는 개념을 제안하고 있다. 헤겔에게서 이 힘은 물질에 공통된 성질인 무게의 특수한 규정성이며 물질의 자기 형성의 한 단계를 이루는 것이다. 이 경우의 응집력은 자력과 공통된 성질을 갖는 것으로 보이는데 자력의 구별성과 마찬가지로 양극을 갖게 된다. 마치 자력이 자기장의 각 점에서 접선의 방향을 갖고 자력선을 형성하는 것처럼 응집력 또한 그 방향을 나타내는 응집선을 형성한다. 양극 사이에 퍼져 있는 힘 선은 지레 현상에서 보이는 것과 같은 일종의 긴장된 선이라고 할 수 있다. 그리고 이 힘이 작용하는 장의 각 부분은 새롭게 지레를 형성한다. 그것은 자석의 절반 한 조각이 다시 새롭게 하나의 자석이 되는 것과 같다. 따라서 헤겔이 행성의 계열로 이루어진 태양계도 각 점에서 다른 응집도를 갖는 응집선의 한 조각으로 생각했을 것이라 추정된다. 응집력에 관한 헤겔의 후기 설명에 대해서는 헤겔(1986), Bd. 9, 163~167쪽 295~296절 및 헤겔(1986), Bd. 3, 218쪽을 보라(주 103 참조). dG.

100) 이 논문은 셸링 철학의 '동일철학' 시기에 해당한다. 셸링은 이 시기의 자신의 철학적 입장을 《나의 철학 체계의 서술》(1801)에서 상세히 논하고 있다. 그에 따르면 이성은 주관적인 것과 객관적인 것의 '무차별'로 정의된다. 이러한 관점에서 그는 이성을 절대적 이성이라고 부르는 한편 절대자로서 살아 있는 자연으로 이해하기도 한다. 절대자로서의 자연으로부터 모든 것을 연역하고자 하는 것이 이 시기 셸링 철학의 의도였다고 볼 수 있다. 셸링에게 절대적 이성은 말하자면 절대적 일자Eins이며 자기동일성이다. 그리고 이 이성 존재의 법칙은 동일 법칙, 즉 동일률로서, A=A로 표현된다. 셸링에 따르면 주관과 객관이 절대적으로 동일할 때 이 양자 사이에 질적 대립은 없고 단지 양적 차이만 있다. 이 양적 차이는 절대적 동일성의 밖에 있고 유한한 것에만 속해 있으며 주관과 객관의 비율의 구별이다. 셸링은 여기서 포텐츠라는 개념을 도입한다.

'포텐츠'라는 말은 원래 힘·능력이라는 뜻이지만, 수학 용어로는 거듭제곱의 뜻으로 사용되기도 한다. 그 때문에 제곱을 거듭함에 따라 늘어나는 힘, 다시 말해 순서에 따라 증대되는 힘을 의미한다. 이것을 무라카미는 '세이이(勢位)'로 옮기고 있으며, 한자경[《자연철학의 이념》(서광사, 1999)]은 '활력'으로, 강영

안[〈셸링의 자연 개념〉,《인간과 자연》(서광사, 1995)]은 '잠재력'으로 옮기고 있으나 어느 것도 그 의미를 충분히 살려주지 못한다. 그래서 원어 그대로 포텐츠로 옮겼다.

셸링에 의하면 절대적 동일성으로서의 우주는 다음과 같은 도식으로 이루어진 하나의 직선으로 표시된다.

$$\frac{A^+ = B \qquad A = B^+}{A = A}$$

이 직선은 양극의 한쪽, 주관성이 우세한 경우($A^+ = B$)와 양극의 다른 쪽, 객관성이 우세한 경우($A = B^+$)를 각각 나타내고, 그 중간점이 $A = A$라는 것을 보여준다. 이 도식에 따르면 우주 전체는 양적 구별의 종합으로서 양적 무차별($A = A$)로 귀착된다는 것을 알 수 있다.

양극의 한쪽은 관념적인 것, 즉 자연이 되고 다른 쪽은 실재적인 것, 즉 정신이 된다. 우선 자연의 측면은 세 개의 포텐츠에 따라 발전한다. 즉 $A = B$의 첫 번째 포텐츠는 물질과 중력이고 이 중 중력은 인력과 반발력이다. 물질에서는 객관이 우세하기 때문에 $A = B^+$로 된다. 두 번째 포텐츠는 빛이다. 중력이 자연의 외적 직관인 데 비해 빛은 내적이며 여기서는 주관이 우세하기 때문에 A^2에 의해서 표현된다. 그리고 세 번째 포텐츠는 중력과 빛과의 통일로서 유기체(A^3)이다. 동일철학의 입장을 보여주는《나의 철학 체계의 서술》에는 이상과 같은 자연의 포텐츠론이 전개되어 있다. 헤겔은 셸링의 이러한 포텐츠론을 염두에 두고 논의를 전개하고 있다. MK.

101) '네 방위'란 바더의《자연에서의 피타고라스적 사각형 또는 세계의 네 방위에 관하여 *Über das phythagoräische Quadrat in der Natur oder die vier Weltgegenden*》(1798)에 나오는 것으로 보인다. 바더는 셸링과 함께 활약했던 낭만주의 자연철학의 선봉자로 헤겔은

그에게서 많은 영향을 받았다. 바더는 학위 논문 〈열소에 관하여 Vom Wärmer-stoff〉(1786)에서 '열물질설'을 전개하여 주목을 받았고, 《기초 생리학을 위한 기여》(1787)에서 '죽은 기계론'에 대한 비판을 통해 낭만주의 자연철학의 방법론을 확립했다. 이어서 《자연에서의 피타고라스적 사각형 또는 세계의 네 방위에 관하여》(1798)를 출간했는데, 거기서 그는 불·공기·물·흙 4원소를 근본으로 자연계를 구성하는 자연철학을 전개한다. 이 저서는 당시 독일에서 성장하고 있던 자연철학에 적지 않은 자극을 주었다. 헤겔은 《행성궤도론》과 거의 같은 시기에 단편 〈신의 삼각형에 관하여 Von dem Gottes Triangel〉를 작성한 것으로 추정되는데, 이때 삼각형은 바더의 《자연에서의 피타고라스적 사각형 또는 세계의 네 방위에 관하여》에 등장하는, 자연계를 상징하는 사각형이라는 기하학적 도형에 대응한다. 로젠크란츠는 헤겔의 이 단편을 1804년 것으로 추정했지만, 헤겔이 바더의 이 저술을 읽었을 수 있으며 단편의 체계 구상이 아직 성숙해 있지 못한 것으로 보아 1801년에 작성된 것으로 보는 견해가 일반적이다(이 책 73~74쪽 참조). 이 단편은 《행성궤도론》을 제출하기 전에 미리 제출된 '토론 테제' III과 관련 있는 것으로 보인다.

102) 제2장 서론에 해당하는 이 부분에서 헤겔은 태양계의 구성에 관한 관념론적 자연철학을 개진하고자 하는 의도를 서술하고 있다. 셸링의 자연철학과 헤겔의 자연철학 사이에 본질적인 차이는 아직 나타나지 않는다. 그러나 이 장에서 전개되는 헤겔의 견해는 그의 후기 자연철학의 체계 속에 이어져 있다. 여기서 헤겔은 양의 비례를 새롭게 해석함으로써 피타고라스·플라톤적 수리론을 부활·발전시켜 이에 바탕을 두고 케플러의 법칙을 끌어내려 시도하고 있다.

103) '도량 관계의 결절선'에 관해서는 《대논리학》, 1권 〈존재론〉,

3편 '도량', 2장 B항에서 다루어지고 있다〔헤겔(1986), Bd. 5, 435~438쪽 참조〕. 이와 관련된 사상은 당시 셸링의 사변적 자연철학의 영향 아래 있었던 슈베르트G. H. von Schubert(1780 ~1860)의 설로 알려져 있는데, 그에 따르면 우주의 내부에 작용하는 응집력의 정도에 따라 형성된 응집선은 다른 응집도에 대응해 발전의 계열을 이루고 있으며, 각 행성의 계열로 이루어진 태양계를 구성하고 있다. 그런데 서로 다른 응집도로 이루어진 이 힘의 결절의 계열이 도량 관계에 의해 표시된다는 것이다.

도량Maß이라는 용어에는 한도, 척도, 비율이라는 의미도 있다. 질량이라고 할 수도 있지만, 뉴턴의 질량과 혼동을 피하기 위해 여기서는 도량으로 옮겼다. '도량'이라는 범주는 한쪽(양)의 변화가 다른 쪽(질)의 변화를 가져오는 경우에 사용된다. 각각의 도량은 다른 도량에 관계할 수 있기 때문에 여기서 많은 도량 관계가 성립하게 되며, 이를 통해 이 관계들이 도량의 대응 관계의 계열을 형성한다. "도량 관계의 결절의 계열을 구체적으로 설명하기 위해 물을 예로 들 수 있다. 예를 들어 물의 온도는 액체 상태의 유동적인 것에 대해서는 무관하지만 액체 상태의 물의 온도 변화가 일정한 정도에 이르면 응집 상태는 질적으로 변화해서 물은 수증기나 얼음으로 변한다"〔헤겔(1986), Bd. 8, 225쪽〕.

이러한 도량의 구조에 관해 구노 피셔Kuno Fischer는 다음과 같이 서술하고 있다. "특유화한 도량은 양의 변화를 통해 질의 변화를 규정하고 이로써 도량의 대응 관계 그 자체를 변화시킨다. 그런데 질과 양은 서로 무관심하고 외적으로 대응하기 때문에 양적 변화가 일어나도 질은 여전히 동일하다. 그러나 양이 더욱 증대하면 질이 갑자기 변화하는 지점이 나타난다. 양과 질이 만나서 상호 교차하는 이 지점을 헤겔은 결절이라고 부른다. 이러한 모든 매듭에서 어떤 새로운 도량의 대응 관계가 성립하기 때문에 이 결절을 이루는 선을 '도량 대응 관계의 결절선'이라고 부른다. 이 표현은 천문학에서 빌려온 것인데, 천문학에서는 태양계에 속한 천체의 타원 궤도가 지구의 궤도(황도)와 교차하는 점을 결절이라고 부르고 그것과 태양의 중심을 잇는 직선을 결절선이라고 한다˝ [Kuno Fischer, *Hegels Leben, Werke und Lehre* (Heidelberg : Carl Winter's Universitätsbuchhandlung, 1911), 235쪽]. MK. 주 105를 참조하라.

104) 무라카미 교이치는《행성궤도론》을 준비하고 있던 헤겔이 슈테펜스H. Steffens의《지구의 내적 자연사 고찰*Beyträger zur innern Naturgeschichte der Erde*》(Freyburg, 1801)을 참고했을 것이라고 생각한다. 슈테펜스는 노르웨이 출신의 덴마크 철학자로, 헤겔이 예나로 오기 전에 예나에서 셸링과 교류하며 서로 영향을 주고받은 사이로 알려져 있다. 이 책에서 그는 실험 철학자가 내건 관찰·실험을 통해서는 물질을 인식할 수 없기 때문에 이 방법을 배척하고 물질의 내부에서 작용하는 '응집력'을 물리학의 원리로 삼아야 한다면서 이 원리에 따라 물질의 계열을 설명하려 했다. MK.

그러나 노이저는, 헤겔이《전집*Bochumer Ausgabe*》, Bd. 6, 370쪽에서 슈테펜스의 책을 인용하고 있는 것은 분명하지만, 발행 일자로 보아《행성궤도론》의 이 부분에서는 아마도 헤겔이 에셴마이어C. A. Eschenmeier의《자기 현상의 법칙에 대한 자연 형이상학적 고찰*Versuch die Gesetze magnetischer Erscheinungen aus Sätzen der Naturmetaphysik mithin a priori zu entwickeln*》[Tübingen, 1798. 이 책은 앞으로 '에셴마이어(1798)'로 표시하겠다], 95쪽 이하를 참조했을 것이라 추정한다. WN.

105) 라틴어 원어는 series nodorum이다. nodus는 일반적으로는 매듭이나 관절이라는 의미로 사용된다. 이 말에 대응하는 독일어 Knoten은 교차점을 의미하는 천문학 용어로도 사용된다. 천문학 용어로서 이 말은 태양계에 속하는 행성이나 혜성의 타원 궤

도가 황도(지구의 궤도)와 교차하는 점을 의미한다. 그리고 이 경우 행성이 황도면의 남쪽에서 북쪽으로 이동할 때 통과하는 쪽의 교차점을 '상승 교차점'이라 하고 다른 쪽의 교차점을 '하강 교차점'이라 한다. 또한 아래의 그림에서 알 수 있듯이 천문학 용어로서 결절선Knotenlinie은 행성의 궤도면과 지구의 궤도면이 접촉하는 점(결절점)과 태양의 중심을 맺어주는 직선을 표시하게 된다.

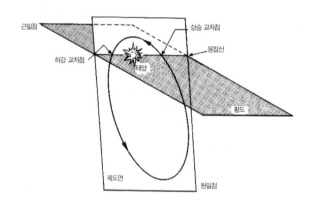

(이 그림은 노이저가 그린 것이다.)

라손은 결절선을 두 교차점을 맺어주는 연결선Verbindung-slinie으로 해석한다. 그러나 노이저는 이것을 훨씬 포괄적으로 이해해서, 공간의 (양적) 연속성으로부터 파생한 불연속적 행성의 궤도라고 본다. 또한 그는 이것을 상승 교차점-태양-하강 교차점 또는 태양-행성을 의미하는 연결선으로 이해해도 좋다고 말한다. 헤겔(1986), Bd. 5, 437쪽에서 헤겔은 이 '결절선'을 질로 전환된 불연속화를 매개로 연속성에서 파생한 일정한 계열로 이해하고 있다. WN. 주 103을 참조하라.

106) 라틴어 원어 organon을 드 강은 그대로 '기관un organe'으로

옮겼으나 노이저는 Glied로 의역했다. dG. WN.

107) 《행성궤도론》이 씌어진 1800년 가을부터 1802년 초까지 예나에 있던 셸링과 그 전에 소위 무신론 논쟁 때문에 베를린으로 떠난 피히테 사이에 선험철학과 자연철학의 대립을 둘러싸고 일련의 문답이 오간다(*Fichtes und Schellings philosophische Briefwechsel aus dem Nachlasse Beider*, (hrsg.) I. H. Fichte · K. Fr. Schelling(Stuttgart, 1856) 참조). 이 일련의 논쟁을 배경으로 1801년에 셸링은 《나의 철학 체계의 서술》을 간행한다. 당시 독일 사상계를 대표하던 이 두 철학자가 논쟁을 벌이는 중에 절친한 친구 셸링을 따르던 젊은 헤겔이 자신의 철학적 입장을 공표하는 《피히테와 셸링의 철학 체계의 차이》를 출간해 셸링의 주장에 동의를 표명했다는 사실은 널리 알려져 있다.

셸링은 피히테의 철학에서 위축되어 있는 자연 인식에 주목해 우선 자연을 자아에서 해방하지 않으면 안 된다고 생각했다. 셸링의 자연철학에서 자연은 그 자체로 하나의 커다란 유기체이며 생성하는 예지이자 커다란 생명 기관Organ으로 간주된다. 이미 예나에서 이러한 견해를 표명했던 셸링과 그의 철학에 공명한 헤겔에게 자연의 모든 물체는 하나의 완전한 전체이면서 보편적인 사슬의 한 고리로 생각되었던 것이다. 여기서 지적하고 있는 내용을 헤겔은 《피히테와 셸링의 철학 체계의 차이》에서 주요 주제로 다루고 있으며, 셸링 또한 《나의 철학 체계의 서술》에서 상세히 논하고 있다. MK.

108) 라틴어 원어 punctum indifferentiae는 관성점 또는 영점이라는 의미인데, 이 라틴어에 대응하는 독일어 Indifferenzpunkt는 셸링이 자연철학 논문 〈역동적 과정의 일반적 연역Allgemeine Deduktion des dynamischen Prozesses oder der Kategorien der Physik〉(1800)에서 사용한 독자적인 용어로, 여기서는 '무차별점'의 의미로 사용된다(Schelling, "Allgemeine Deduktion

des dynamischen Prozesses oder der Kategorien der Physik" (1800), *Schelling Werke*, (Hrsg.) M. Schröter, Bd. 2(München : Beck, 1965), 635~712쪽 참조〕. 헤겔도《피히테와 셸링의 철학 체계의 차이》의 '셸링과 피히테 철학의 원리 비교' 항에서 다음과 같이 쓰고 있다. "절대자는 양자(주관과 객관)의 절대적 무차별점으로서 그것들을 자신 안에 포괄하고 그것들을 만들어 내며, 더욱이 그것들로부터 생겨난다"〔헤겔(1986), Bd. 2, 101 쪽〕. MK.

109) 베르누이Daniel Bernoulli는 호이헨스의 원심력의 법칙을 정역 학적으로 해석하고자 했다. 호이헨스가 진자를 고찰하면서 동역 학을 모델로 해서 원심력의 물리학을 발전시킨 반면, 베르누이는 지레를 고찰하면서 지레에 광범위한 균형의 조건들이 존재한다 는 사실로부터 호이헨스와 동일한 법칙을 추론했다. 베르누이의 논증은 마틴(1778), Bd. 1, 209쪽에 의해 알려지게 된다. 또한 바더(1797), Bd. 1, 254쪽과 에셴마이어(1798), 95쪽 이하에 서도 발견된다. WN.

110) 라틴어 원문에는 "ambo autem(corpora— 옮긴이주) attractione ista mutua *quasi* circum gravitatis commune centrum revolvi sumit (그는 두 개의 물체가 앞서 말한 상호 인력에 의해서 마치 공통의 중심 주위를 회신하는 것 살나고 수상한다) 로 되어 있 다. 뉴턴의 원문은 "두 개의 물체는 서로 잡아당기는 것처럼 공 통의 중심 주위를 회전한다"이다〔뉴턴(2000), 1권, 11장 명제 58 정리 21, 304쪽 참조〕. 헤겔은 뉴턴의 문장에서 quasi(마치 ……인 것처럼)의 위치를 옮겨서 인용함으로써 의미를 약간 바 꿨다. 뉴턴이 여기서 말하려 한 것은 두 물체가 "마치 공통의 중 심 주위를 회전하는 것 같다"가 아니라, "서로 잡아당기는 것처 럼……회전한다"는 것이었다. dG.

111) 뉴턴(2000), 1권, 51쪽 참조.

112) 셸링(1798), 426쪽, 444쪽, 453쪽 ; 셸링(1799), 260쪽 이하 ;
케플러(1992), 239쪽 ; 헤겔(1986), Bd. 9, 111쪽 275절 이하,
130쪽 280절 보충 이하 참조.

113) 여기서 말하는 자연철학은 특히 셸링의 철학을 가리킨다. 케플러
와 코페르니쿠스는 우주의 중심을 태양에 두었다. 또한 르네상스
시기의 자연철학자들 중에서도 유사한 생각을 가진 사람들이 있
었다. 그들에게 빛은 태양이라는 특별히 숭고한 것의 상징이자
그 힘의 매체였다. 예를 들어 케플러는《신천문학》에서 이렇게
쓰고 있다. "태양은 그 빛남으로 인해 특별한 의미를 갖는 천체
이다. 이 때문에 태양의 위치를 세계의 중심점이라고 간주하는
많은 형이상학적 논의가 있다. 이에 관해서는 나의 소책자《우주
의 조화》나 코페르니쿠스의 저작을 참고할 수 있을 것이다. 또한
피타고라스학파는 '중심 불'이라는 이름으로 태양을 표현했다"
〔케플러(1992), 108쪽〕. 셸링과 헤겔의 자연철학은 케플러가
제기한 이러한 문제를 계승해 그것을 각각 독자적인 방식으로 재
구성했다고 할 수 있다. 셸링에 관해서는 셸링(1799), 260~
261쪽을, 헤겔에 관해서는 헤겔(1986), Bd. 9, 111쪽 275절 보
충 이하를 참조하라. dG.

114) 라틴어 원문은 medium이고 이에 대응하는 독일어는 Mitte이다.
여기서는 무차별점에 해당한다.

115) 여기서 헤겔은 에셴마이어(1798), 95쪽 이하를 참조하고 있다.
다음 그림을 보라.(에셴마이어의 설명을 토대로 노이저가 그린
것이다.)

에셴마이어의 설명에서 극점은 두 개의 힘을 가지고 있다. 이 때
문에 헤겔은 이 극점을 구분해 한쪽을 초점으로 보고 다른 쪽을
'어둡고 단지 수학적일 뿐인 점'으로 간주한다. 이 경우 행성의
자기Magnetismus는 외적인 양극 역할을 하게 된다. 헤겔은 이것
이 자기 유도의 기본적 시도라는 것을 에셴마이어의 논문에서 추

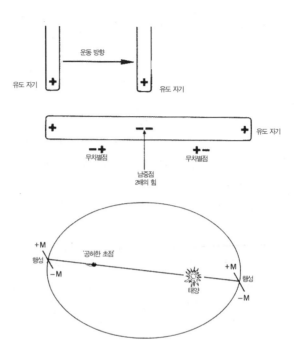

정했을 것이다.

여기까지의 헤겔의 논의를 정리하면 헤겔은 앞선 학자들의 세 가지 관점을 한데 모으고 있다.

① 케플러는 하나의 자기 모델Magnetmodell을 가지고 행성
운동의 원인을 기술했다. 그에 따르면 태양은 구형 자석이
며 그 양극 중 하나는 중심에, 다른 하나는 표면에 있는 것
처럼 생각된다. 이에 반해 막대 자석이라고 생각되는 행성
들은 마치 지레처럼 회전하는 태양에 의해 끌려간다.

② 베르누이는 지레를 실마리로 해서, 정역학적 방식으로 원심
력을 설명했다(주 109 참조).

③ 에셴마이어는 지레에 비유해서 하나의 자기적 설명을 전개

했다. 그의 설명에 따르면 막대 자석에 세 개의 극이 형성되는데 이 극들 사이에 무차별점이 있게 된다. 이 중에서 중간극은 극점이고 다른 극에 비해 두 배의 힘이 있다. 에셴마이어는 이 설명 방식이 '아 프리오리' 하다고 말하는데, 이러한 설명 방식을 자신의 포텐츠 모델로 환원하기 때문이다. 셸링이나 헤겔은 에셴마이어의 포텐츠 모델을 높이 평가하고 있다. WN.

116) 태양계에서 응집선은 차단되어 각 천체의 계열을 형성한다. 각각의 계열을 이룬 행성계는 마치 자석의 양극과도 같이 두 개의 초점을 갖는 타원 궤도를 그리고, 여기서 태양은 두 개의 초점 중 하나에 '실재하는 힘의 극점'으로 있으며 다른 초점은 '수학적인 점'에 불과하다. 또한 이 수학적인 점은 공허한 초점일 뿐이어서 "그것이 세계의 중심점이라면 수학적인 점은 무거운 물체를 움직이게 할 수 없을 것"[케플러(1992), 109쪽]이다. 이를 통해 '각 행성의 궤도는 타원형이고 그 초점의 하나에 태양이 위치해 있다'는 케플러 제1법칙이 비로소 철학적으로 논증된다. MK.

117) 헤겔은 지레에서의 균형에 관한 베르누이의 해석을 염두에 두고 있다[헤겔(1982), 22~23쪽 참조]. WN.

118) 셸링(1799), 288쪽 ; 헤겔(1986), Bd. 20, 441쪽 참조. 포텐츠의 개념에 관해서는 주 100을 참조하라.

119) 헤겔, 《전집》, Bd. 8, 7쪽 ; 헤겔, 《실재철학I Realphilosophie I》 (1967), 215쪽, 369쪽 참조.

120) 이러한 추론은 이미 《프랑크푸르트 단편 Frankfurter Fragmenten》에서도 발견된다[J. Hoffmeister, Documente zu Hegels Entwicklung (Stuttgart, 1936), 288~300쪽 참조]. 이러한 추론은 신플라톤주의에서 유래한 것으로 프로클로스, 플로티노스에게서도 발견되며, 케플러의 《우주의 조화》에도 나타난다. 맹아는 아리스토

텔레스의 《영혼론 *De anima*》, 404b이다. 거기서 아리스토텔레스는 영혼의 능력(지성, 지식, 의견, 지각)을 공간의 차원과 관련짓고 있다. 또한 플라톤의 《티마이오스》 48e에서도 이러한 추론이 발견된다[박종현 · 김영균 역주, 《플라톤의 티마이오스》(서광사, 2000), 134쪽 이하 주 290 참조. 이 책은 앞으로 '플라톤, 《티마이오스》'로 표시하겠다]. WN.

121) 라틴어 mens를 '정신'이라고 번역했지만 mens는 원래 '마음, 심정, 생각'이라는 뜻의 단어다. 라손과 노이저는 모두 그것을 Geist로 옮기고 있다. 그러나 헤겔은 여기서 라틴어 mens와 독일어 Geist가 의미하는 범위가 동일하지 않다는 것을 시사하고 있다. 노이저도 적절한 번역어를 찾지 못해 라손과 마찬가지로 Geist를 사용했던 것 같다. 드 강도 여기서 esprit라는 역어를 쓰는 것은 적절하지 않다고 설명한다. 그에 따르면 mens라는 말은 원래 원초적이고 거의 한정되지 않은 형태의 주관성을 나타낸다. 물론 이 경우 주관성은 피히테가 말하는 '자아'는 아니다. WN. dG.

122) 여기에 서술된 문제는 예나 시기의 자연철학에서도 다뤄지며 후기의 자연철학에서도 중요한 문제로 취급된다. 예를 들어 《예나 자연철학》에서는 다음과 같은 문장이 발견된다. "시간은 점을 메끼로 해시 공산으로 삼누한다 [헤겔(1967), 215쪽, 369쪽], "정신은 시간이다"[헤겔, 《전집》, Bd. 7, 215쪽]. WN.

123) 헤겔(1986), Bd. 20, 443쪽 ; 헤겔, 《전집》, Bd. 8, 9쪽 ; 헤겔(1967), 72쪽, 74쪽 참조.

124) 헤겔은 여기서 태양계의 운동을 포텐츠의 동일성과 차이에 바탕을 두고 설명하려 한다. 헤겔이 볼 때 태양계의 운동은 나타나 있는 상태를 항상 새롭게 재생하거나 분열 또는 소멸시키는 교체에 불과하다. 그런데 서로 대립해 있는 양쪽 사이에 긴장이 있기 때문에 한쪽에서 다른 쪽으로 이행하는 과정도 가능하다. 운동에

대한 이러한 이해 방식은 고전 물리학의 방식은 아니다. 고전 물리학은 운동으로부터 어떤 상태를 설명하는데, 그것도 오직 장소의 운동에만 관계하기 때문이다. 이와 관련해 헤겔은《철학백과사전》〈자연철학〉 269절에서 운동에 관해 이렇게 서술하고 있다. "운동 그 자체는 일반적으로 다수의 물체의 체계, 특히 서로 다른 규정에 따라 상호 관계하고 있는 물체의 체계에서만 의미와 현존성을 갖는다"〔헤겔(1986), Bd. 9, 83쪽〕. dG.

125) '수축과 팽창'은《행성궤도론》과 같은 시대에 나온 여러 저술에서 상투적으로 쓰이는 개념이다. 이 용어는 이 시기 헤겔의 자연철학이 기원이 전혀 다른 여러 요소들의 융합임을 보여주는 하나의 사례이다. 이러한 사실은 횔덜린J. C. F. Hölderlin이 학생 때 사용했던 노트에 있는 다음 글에서도 엿볼 수 있다. "신은 불멸의 수축과 팽창이다. 그것은 세계의 창조와 불변성을 나타내는 것이리라." 횔덜린은 이 글을 야코비Friedrich Heinlich Jacobi의 주저《스피노자의 이론에 관하여, 모제스 멘델스존에게 보낸 서간들에서Über die Lehre des Spinoza, in Briefen an den Herrn Moses Mendelssohn》(1785)에서 발췌한 것으로 추정된다. 이 책에는 야코비가 레싱에게 보낸 답장이 들어 있다. 레싱이 스피노자에 관해 논의하다가 라이프니츠의 문장을 인용하면서 야코비의 의견을 묻는 편지를 보내왔던 것이다. 레싱이 인용한 라이프니츠의 문장이 바로 횔덜린이 발췌한 그 문장이었다. 이렇게 본다면 이 용어는 라이프니츠의 것이라고 할 수 있지만 실제로는 레싱의 스피노자주의적인 태도에 의해서 받아들여진 라이프니츠의 사상이라고 보아야 할 것이다.

어쨌든 '수축과 팽창'의 도식은 라이프니츠의 영향과 스피노자의 영향을 재통합하게 된다. 예를 들어 괴테는《식물의 메타모르포제Versuch die Metamorphose der Pflanzen zu erklären》(1790) 이래 이 도식을 빈번히 사용했고, 이를 이어받아 셸링과 헤겔도 이 테마를 즐겨 활용하기에 이른다.

그런데 수축과 팽창이라는 이 도식은 스위스의 생리학자 할러 Albrecht von Haller의 신경, 근육 조직에 관한 학설에서도 발견된다. 할러의 학설인 '자극 감응설'에 따르면 자극 감응이란 신경이나 인위적 자극의 작용에 따라 수축할 수 있는 근육 조직의 특질이라고 규정되는데, 괴테나 바더는 각자 나름의 취향에 따라 할러의 이론을 재구성했다. 이런 상황에서 자연철학자들은 '수축과 팽창' 도식을 각자 자신의 관심 분야에 따라 '신, 우주, 근육, 식물, 태양계는 모두 수축과 팽창'이라고 과장하게 된다. dG.

126) 라틴어 원문에는 단지 calculus로 되어 있지만 geometria와 함께 서술된 점을 고려할 때 내용적으로는 데카르트의 해석 기하학이나 라이프니츠, 뉴턴의 미적분학을 의미하는 것 같다. 옮긴이는 calculus를 미분학, 즉 Differentialrechnung(노이저), calcul différentiel(드 강)의 뜻으로 이해했다. 라손은 이것을 산술학을 의미하는 das rechnerische Verfahren으로 옮겼다.

127) 원문 operationes calculi는 직역하면 '수학적 조작'이지만, 노이저의 독역 Operationen der Differentialrechnung에 따라 '미분학적 연산'으로 옮겼다.

128) 원문은 altior quae vocatur geometria인데, 라손은 '수학의 고등 영역인 기하학der höhere Teil der Mathematik, die Geometrie'이라고 해석하고 있다. 노이저는 이것을 '고등 기하학höhere Geometrie'으로 옮겼다. 옮긴이는 노이저를 따랐다.

129) 그리스의 우주론 중 특히 수를 가지고 우주를 규정하고자 하는 피타고라스학파의 관점과, 근대 사상의 범신론적 세계관의 원류인 쿠자누스Nicolaus Cusanus 또는 브루노Giordano Bruno의 우주론 사상에서 점의 운동을 가지고 선·면·공간을 이해하려는 시도가 있었다. 브루노에 따르면 최대의 것은 우주 그 자체이

고 최소의 것은 개별적으로 규정된 생명이다. 이 최소라고 하는 개념 중 '수학적 최소'라고 규정된 것이 점이다. 그에 따르면 점은 선의 원리이며 처음인 동시에 끝이다. 헤겔은 이러한 사상을 발전시켜 후기의 체계까지 이어갔으며, 운동론을 근거로 해서 독자적인 공간론을 전개했다. 헤겔에 따르면 점이 자신 바깥으로 나가는 한, 점도 하나의 타자가 된다. 다시 말해 점은 선이 된다. 이에 비해 뉴턴은 수학적 선으로 이행하는 점의 표상을 미분학의 근본 개념으로 삼음으로써 순수하게 수학적 변화를 개념적으로 파악한다〔헤겔(1986), Bd. 9, 44~47쪽, 255~256절 참조〕. WN.

130) 선은 자신의 참되고 객관적인 형태인 면으로 이행하는데, 이를 평방이라는 개념으로 이해할 수 있다는 것이다.

131) Schelling(1797), 391쪽 ; Schelling(1799), 284쪽 참조.

132) 헤겔은 여기서 시간과 공간의 개념을 염두에 두고 있을 것이다. 《철학백과사전》〈자연철학〉에서 그에 관해 다음과 같이 규정하고 있다. "시간은 존재하면서 존재하지 않고 또한 존재하지 않으면서 존재하는 것이자 직관된 생성이며……공간은 3차원으로 구별된다"〔헤겔(1986), Bd. 9, 41쪽 이하, 254절~259절〕.

133) 여기서 "낙하의 법칙은 거리의 제곱에 대한 비례"라고 되어 있지만 이는 '일정한 시간 내에 통과하는 공간(거리)은 경과한 시간의 제곱에 비례한다'는 갈릴레오의 낙하의 법칙을 의미한다. 낙하 속도 V가 시간 t에 비례한다는 가정으로부터 비례 상수를 g로 하면 $V = gt$가 된다. 또한 물체가 정지 상태에서 등가속도를 가지고 낙하할 때 거리 S는 그 사이의 평균 속도 $\frac{V}{2}$에서 일정 시간(t의 시간) 등속도 운동을 했을 경우의 통과 거리와 같다고 생각할 수 있다. 따라서 낙하의 법칙은 $S = gt/2 \cdot t = \frac{1}{2}t^2$으로 표시된다. 이 경우 거리 S는 평방으로 전화한 선을 표시한다. 이러한 갈릴레오의 법칙에 관해서 《철학백과사전》〈자연철학〉에서는 다

음과 같이 서술하고 있다. "낙하의 법칙은 밖으로부터 규정된 죽은 역학의 추상적인 등속도와는 반대로 하나의 자유로운 자연 법칙이다. 그것은 물체의 개념에 따라 규정된 측면을 지니고 있다" [헤겔(1986), Bd. 9, 77쪽 267절]. MK.

134) 헤겔의 논의를 요약하면 다음과 같다. 본문에서도 반복되고 있듯이 선은 정신으로서 자신을 주관적 형식에서 산출하는 것으로 규정된다. 다만 이 선에서는 따로따로 분리되어 서로 격리되어 있는 두 물체의 관계만이 고려된다. 이 두 물체의 구별은 두 가지 방식으로 지양될 수 있다. 하나는 그 구별이 사실상 지양되어 실재하는 단 하나의 물체가 되는 방식이며, 다른 하나는 이 구별이 그대로 잔존하여 단지 관념적으로만 하나의 물체가 되는 방식이다. 전자는 자유 낙하이고 후자는 원운동이다.

135) 헤겔은 본문에서 갈릴레오의 낙하 실험을 염두에 두고 있다. 헤겔은 갈릴레오의 실험에 근거해 등가속 운동에서 통과 거리를 산정할 때 적분법의 방식을 기초로 하는 것과 근사치를 구하는 낡은 방식에 의지하는 것 두 가지 방식을 제시하고 있다. MK.

136) 행성의 타원 궤도 운행의 경우가 이에 해당한다. 이 경우 두 개의 물체의 구별은 운행 주기와 거리의 구별로써 잔존하게 된다.

137) 헤겔은 본문에서 케플러의 제3법칙을 철학적 개념을 통해 재구성하고 있다. 케플러 제3법칙은 '두 개의 행성의 공전 주기의 평방(제곱)은 태양에서의 평균 거리의 입방(세제곱)에 비례한다'이다. 헤겔에 따르면 물체의 입방, 즉 3차원의 입체를 지양하고 이것을 평방으로 환원하는 것, 다시 말해 입방의 평방화라는 형태를 취하는 것이 천체 운행의 이성적 표현으로서 제3법칙이 갖는 개념적 내용이다[라플라스(1797), Bd. 1, 225쪽 이하. 또한 헤겔(1986), Bd. 9, 92쪽 이하 270절 참조]. WN.

138) 헤겔은 이 논문에 덧붙여 있는 '보론'에서 행성 간 거리의 문제를 검토하고 있다.

139) 칸트(1977), Bd. 1, 92쪽 이하 참조.

140) 라틴어 원문 linea virtualis는 잠재적인 선, 활동적인 선의 의미이다. 점이 움직여 선이 되고 선이 움직여 면이 된다고 할 때, 선은 자신을 전개하는 '활동적 선'으로 생각된다. 그래서 무라카미 교이치는 활동적 선으로 옮겼다. MK.

그러나 선은 면으로 이행해야 비로소 물체의 형태를 취할 수 있기 때문에 선이 단지 선에 머무르는 한 그것은 아직 현실적 선이 아니라 잠재적인 선에 불과하다. 그래서 노이저는 'die virtuelle Linie(잠재적인 선)'로 옮겼다. WN.

141) 천체 회전 운동의 이성적 표현은 물체의 특성으로서의 입방(3차원의 입체)을 지양하는 것이고 특히 '입방을 평방으로 환원하는 것'이어야 한다. 헤겔에 따르면 케플러의 제3법칙은 이러한 사상의 개념적 표현이다. MK.

142) 여기서 다루어지고 있는 것은 케플러의 제2법칙이다. 노이저는 이 부분이 행성궤도의 동경이 그리는 면적이 일정한 시간에는 같다는 개념을 표현하고 있다고 해석한다. 반면에 무라카미 교이치는 여기서 문제가 되는 것은 케플러의 제3법칙이라고 해석한다. 제3법칙에 따르면 행성의 공전 주기의 평방(제곱)과 그 궤도의 장반경, 즉 타원의 초점인 태양에서 행성에 이르기까지의 평균 거리의 입방(세제곱)의 비례는 항상 일정하다는 것이다. 바꿔 말하면 행성의 공전 주기(T)의 제곱과 긴반지름(a)의 세제곱의 비는 같다는 것이고, 이것은 모든 행성에 대해 $\frac{T^2}{a^3}=1$이 된다. 무라카미 교이치는 이 법칙의 개념적 표현으로서 '입방의 평방으로의 환원(입방의 평방화)'이라는 개념적 관계가 얻어진다고 해석한다. WN. MK. 옮긴이는 무라카미 교이치의 견해를 따랐다.

143) 원일점에서는 태양의 힘이 최대한이 되는데, 여기서 천체가 자오선 경과점, 즉 남중점에 있다는 것은 바로 이 원일점에 있다는 것을 말한다.

144) 행성 운동을 생각할 때 원운동을 가정하는 것이 고대 이래 자명한 것이었다. 그래서 헤겔은 신성시된 코페르니쿠스적 원운동의 공리에서 직접 타원을 도출하는 일이 대단히 어렵다는 것을 말하고 있다. 원이 타원의 퇴화된 형태 또는 변질된 타원임을 이해할 때 이 어려움은 해소될 것이다.

145) 행성의 궤도가 타원이라는 것을 발견(케플러 제1법칙)한 이후, 당연한 것으로 인정되었던 원운동에 대한 가정이 폐기되었다. 또한 이와 더불어 천체의 운동이 등속이라는 관념도 폐기되었다. 여기서 케플러는 이 제1법칙의 타원에 의거함으로써 행성이 근일점에서는 원일점에서보다 한층 빨리 운동한다는 것을 증명했다. 소위 면적 속도 일정의 법칙이라는 케플러의 제2법칙이다. 헤겔은 여기서 이 법칙의 개념적 관계를 응집력과 응집선 범주를 통해 철학적으로 해명하고 있다.

146) 섭동이란 천체의 궤도를 교란하는 인력을 말한다. 행성의 궤도는 태양의 인력만을 생각하면 타원이 되지만 다른 행성들도 힘을 미치고 있으므로 실제로는 타원 궤도가 아니다. 뉴턴주의는 실제 궤도가 타원으로부터 벗어나는 것이 이 섭동 때문이라고 본다. 그런데 헤겔은 이러한 섭동 현상을 천체의 궤도를 교란하는 다른 행성들의 힘이 아니라 응집력과 응집선이라는 철학적 범주로 설명하려 한다. 다시 말하면 섭동이란 응집의 한 형태로, 애초의 응집에 의해 바로 회복될 정도로 약하고 빨리 지나가는 응집력을 보여주는 현상이라는 것이다.

147) 타원에서 가장 긴 직경. 근일점과 원일점 간의 직선을 말한다.

148) 헤겔,《전집》, Bd. 7, 223쪽 참조.

149) 본론의 말미에 보충을 위해 덧붙어 있는 이 보론은 행성 간의 거리에 관한 법칙의 문제를 검토하는데 이 보론으로 인해 헤겔 자연철학 전체의 평가와 관련된 문제가 야기된다. 《행성궤도론》에서 헤겔의 근본 취지는 참된 철학적 입장으로서 '이성과 자연의

동일성'의 원리를 행성궤도의 법칙에 적용하는 것이었다. 본론에서는 주로 행성 운동에 관해서 케플러의 3대 법칙에 근거해 그 이성적 의의를 논증했다. 헤겔의 이러한 취지에서 본다면 각 행성의 태양으로부터의 거리 또는 간격이라는 점과 관련해 그 비율을 나타내는 법칙이 발견되지 않으면 안 될 것이다. 이러한 이유에서 헤겔은 행성 상호간의 거리 문제에 관해 보론을 덧붙였던 것이다. 그러나 문제의 사건이 있고 난 후(주 154 참조), 이 논문뿐만 아니라 헤겔 자연철학 전반에 관한 평가는 매우 적대적으로 변하게 된다. 아래에 인용하는 로젠크란츠의 말은 그 적대적 상황에서 냉정하게 헤겔 자연철학의 정곡을 찌르는 증언이라고 할 수 있을 것이다. "그렇다고 해도 헤겔이 논문 말미에 '보론'이라는 말로 덧붙인 두 쪽가량의 부록이 없었다면 이 논문은 셸링이 근거로 했던 당시 자연철학의 가장 근본적인 것 중 하나로서 논박의 여지가 없을 정도의 가치를 유지했을 것이다"[로젠크란츠(1963), 155쪽]. MK.

150) 라틴어 원문 natura a ratione conformata est 중 a ratione는 '이성적으로'라는 뜻이지만, 그 외에 '비율에 따라서'라는 뜻도 포함하고 있다. 그 때문에 본문은 '자연은 비율로 이루어져 있다'는 의미도 함축하고 있다. MK.

151) Schelling(1797), 348쪽 ; 헤겔(1986), Bd. 8, 270쪽 ; 헤겔(1986), Bd. 2, 130쪽 참조.

152) 헤겔에 따르면 자연 속에 숨어 있는 이성적 척도를 등한시할 경우 참된 의미의 자연 탐구를 할 수 없다. 이러한 관점에서 자연 탐구와 자연 인식 모두 자연이 이성적으로 형성되어 있다는 우리의 신뢰에 바탕을 두고 있다. 그런데 경험이나 귀납적 방식으로 자연 법칙을 탐구하는 자연과학자는 이러한 방법을 통해 얻은 이성적인 자연 법칙에 적합하지 않은 현상이 보이는 경우 오히려 자신이 한 실험을 의심해봐야 한다. 헤겔은 실험적 방법에 관해

서 언급할 경우에는 항상 베이컨의 경험론까지 소급해 거기서 유래하는 뉴턴이나 로크 등을 포괄하는 영국의 실험 철학을 염두에 두고 있다. 여기서 명백하게 엿볼 수 있는 점은 헤겔의 실험에 대한 사고 방식과 이성과 자연의 동일성의 원리에 대한 그의 완고하기까지 한 신뢰이다. MK.

153) 라틴어 원문 progressio arithmeticae를 노이저는 '등차수열 arithmetische Entwicklung'로, 무라카미 교이치는 '등차급수'로 옮겼다. 어떤 수에 차례대로 일정한 수를 더해서 이루어지는 수열을 등차수열이라 하고, 그러한 등차수열의 각 항을 차례대로 + 부호로 연결하여 만든 식을 등차급수라고 한다면 여기서 논의된 내용은 등차급수가 아니라 등차수열일 것이다. WN. MK.

154) 헤겔은 보데Johann Elert Bode의 법칙을 염두에 두고 있다. 보데의 법칙이란 독일의 과학자 티티우스Johann Daniel Titius가 1766년에 저술한 천문학서에 발표한 법칙을 베를린 천문대장이었던 보데가 1772년에 세상에 소개한 것인데 티티우스-보데의 법칙이라고도 한다. 보데의 법칙에 따르면 18세기에 알려져 있던 태양에서 수성, 금성, 화성, 목성, 토성까지의 거리는 일정한 수열을 이룬다. 그리고 태양에서 행성들까지의 거리는 $3 \times 2^n + 4$라는 식을 통해 비율로 나타낼 수 있다. 이때의 단위는 태양에서 지구까지의 거리를 1로 하는 AU이나. 이 법식을 이용하여 태양에서 수성까지의 거리를 구하려면 n에 음의 무한대($-\infty$)를 대입하면 되고, 금성까지의 거리를 구하려면 n에 1부터의 자연수를 대입하면 된다. 보데의 법칙으로 계산된 각 행성까지의 거리는 다음과 같다.

	수성	금성	지구	화성	목성	토성
보데의 법칙	0.4	0.7	1	1.6	5.2	10
관측된 거리	0.4	0.7	1	1.5	5.2	9.5

(단위 : AU)

이 수열은 이미 관측된 거리를 이용하여 만든 수식이므로 이 수열이 우연한 것인지 아니면 정말로 태양계의 질서를 나타내는 것인지에 대해서는 논란이 있었다. 그러나 1781년 허셜Sir John Herschel에 의해 천왕성이 발견된 후 태양에서 천왕성까지의 거리가 보데의 법칙에서 n에 6을 대입한 값 19.6AU와 비슷한 19.2AU라는 것이 밝혀지면서 보데의 법칙에 대한 신뢰성이 갑자기 높아졌다. 그런데 보데의 법칙이 태양계의 구성 원리를 나타내는 것이라면 큰 문제가 있다. 왜냐하면 n값이 3이 되는 화성과 목성 사이에 태양으로부터 2.8AU 떨어진 곳에 있어야 하는 행성이 없기 때문이다. 1700년대 말부터 많은 천문학자들이 이 사라진 행성을 찾기 위해 조직적으로 개인과 국가의 명예를 걸고 새로운 행성 탐색 작업을 벌이기 시작했다. 그 결과 시칠리아 섬의 천문학자 피아치Giuseppe Piazzi가 새로운 행성을 발견한다. 피아치는 1801년 1월 1일 새로운 행성으로 보이는 천체를 발견했다. 이것이 소행성 케레스이다. 케레스 발견 1년 후 수많은 다른 소행성들이 비슷한 거리에서 발견되기 시작해 현재까지 모두 2만여 개가 발견되었으며 지금도 매년 수백 개씩 발견되고 있다.

소행성을 발견하는 데 중요한 역할을 한 보데의 법칙은 해왕성을 발견하는 데도 중요한 역할을 했다. 보데의 법칙과 뉴턴 역학을 이용하여 예측한 것과 비슷한 위치에서 해왕성이 발견되었기 때문이다. 그러나 해왕성의 실제 공전 궤도의 반지름은 보데의 법칙에 근거한 38.8AU보다 훨씬 짧은 30.1AU였다. 따라서 해왕성의 발견으로 보데의 법칙은 신뢰성을 잃게 되었다. 훨씬 뒤에 발견된 명왕성까지의 거리는 보데의 법칙과의 오차가 더욱 컸다. 보데의 법칙에 따르면 명왕성까지의 거리는 77.2AU여야 하나, 실제 거리는 39.5AU였다. 이 때문에 오늘날 일반적으로 보데의 법칙은 아무런 역학적 정당성이 없는, 억지로 꿰어 맞춘 수열로 받아들여진다〔곽영진 · 김충섭, 《태양계 여행》(사이언스북스, 2000), 168~171쪽 참조〕.

헤겔의 불행은 1801년 1월 1일 피아치가 이미 케레스를 발견했는데도 그 사실을 모른 채 그 소행성이 존재할 수 없다는 것을 논증하는 이 불필요한 보론을 덧붙였다는 사실에 있는 것이 아니라, 억지로 꿰어 맞춘 데 불과한 보데의 수열이 케레스의 발견에 도움을 주었다는 행운에 있을 것이다.

어쨌든 오직 관측 결과에서 경험적으로 고안된 것에 불과한 보데의 법칙을 맹목적으로 신뢰하고 있던 당시 천문학계의 상황을 철학자 헤겔이 얼마나 불쾌하게 느끼고 있었는지 알 수 있다.

155) 단지 경험적으로 도출된 데 불과한 보데의 법칙에 대한 헤겔의 비판을 요약하면 다음과 같다. 우선 이 법칙에 의한 수열은 단순한 등차수열에 불과하고 그 때문에 이 법칙은 무개념적이며 철학적 의의를 갖지 못한다. 헤겔의 생각에 따르면 자연의 이성적 관계를 표현하는 확실한 근거를 갖는 법칙은 자연에서 포텐츠의 수론적 표현으로서 거듭제곱의 규정에 의한 것이어야 한다. 이러한 법칙에 따른 수열은 '수의 제 자신으로부터의 창출', 즉 거듭제곱의 규정에 바탕을 둔 수열이다. 바더는 일반적인 기계론적 입장의 산술은 덧셈과 뺄셈을 열거하는 데 머무르지만 자연과학에서 등역학적 방법이 추구하고자 하는 자연 법칙은 급셈, 거듭제곱, 나눗셈, 제곱근 풀이 등에 의해 서술되어야 한다고 말한다. 이러한 이유에서 그는 물리학자들에게 살아 있는 거듭제곱과 제곱근 풀이에 바탕을 둘 것을 요청한다〔바더(1797), 215쪽 참조〕. 헤겔은 아마 바더의 이러한 요청을 받아들였을 것이다. WN.

156) 행성 간 거리의 수적 비례 또는 수학적 질서의 문제를 최초로 제기한 학파는 피타고라스학파였다. 이 학파의 시조 피타고라스가 대장간에서 망치 소리를 듣고 화음을 구성하는 비례를 발견했다

는 일화는 널리 알려져 있다. 이 학파는 여기에 음향학적 연구를 더함으로써 화음을 내는 현의 길이 사이의 비례를 발견했으며 이러한 경험을 바탕으로 천상계에도 틀림없이 마찬가지의 비례가 존재할 것이라고 추정했다. MK.

157) 널리 알려져 있는 플라톤의 대화편《티마이오스》와는 별도로 로크로이의 티마이오스Timaios ho Lokros가 편찬했다고 전해지는 또 다른 저술이 있기 때문에 헤겔은 두 개의《티마이오스》편이라고 했을 것이다. 티마이오스는 이탈리아 남부의 로크로이 출신으로 소크라테스, 플라톤과 동시대 사람이며 피타고라스학파 철학자로 알려져 있다. 플라톤이 시칠리아를 여행할 때 로크로이의 이 철학자와 알게 된 것이 인연이 되어 대화편《티마이오스》의 주요 인물로 그의 이름이 후세에 남게 되었다. 그리스 말기 피타고라스학파의 프로클로스에 의해《우주와 자연의 영혼에 관하여 *Peri psychas kosmō kai physiōs*》의 내용이 처음으로 언급된 후 이 책은 티마이오스가 편찬한 것으로 전해지면서 중세 세계에 오랫동안 영향을 미치게 된다. 그런데 근대 철학사가 덴네만 Dennemann의 엄밀한 원전 고증으로 이 책은 1세기경에 만들어진 신플라톤주의자의 위서라는 것이 판명되었다. 그 근거로 특히 이 책의 내용에 플라톤의《티마이오스》편의 개요와 신피타고라스학파의 견해가 뒤섞여 있다는 것이 지적된다. 근대에 이르러 이 책은 두 종류의 근대어로 번역되었다. 1763년에 주석이 첨부된 불역본이 나왔고, 이어서 헤겔의 청년 시대에 셸링의 사촌인 바르딜리Christoph Gottfried Bardili(1761~1808)가 이 불역본에 근거해 번역한 독역본이 간행되었다. 그는 칸트 철학의 영향을 받아 이성적 실재론을 주장하고 셸링 및 헤겔에 앞서 사변철학의 길을 개척한 철학자이기도 하다. 헤겔이 이 논문에서 두 개의《티마이오스》로 참조한 책 중의 하나는 분명 아주 가까운 선배 철학자에 의해 번역된 독역본이었을 것이다. MK.

158) 여기서 말하는 '전래의 수열'이란 피타고라스학파에 의해 확립된 수열을 가리킨다. 플라톤은 만물의 성립의 근저에 일정한 수적 대응 관계가 있다는 것을 설파하는 피타고라스학파의 영향을 받아 이 학파가 말하는 수열을 부활시켰다. 또한 플라톤 사상에서는 이데아적 수 내지 에토스적 수에 관한 사고 방식, 또는 영혼의 윤회 사상 등 여러 면에서 피타고라스학파의 영향이 발견된다. MK.

159) 특히 이 부분과 관련된 문제를 고려하면서 플라톤이《티마이오스》에서 설명한 우주 형성론을 개관하면 다음과 같다. 우주의 제작자인 데미우르고스는 일정한 규범에 따라 우주를 창조했다. 하나의 생명체로 창조된 이 우주는 혼과 몸을 함께 지니고 있었다. 우주의 몸은 구체로 만들어지고 그 몸의 중심에 우주의 혼이 형성되었다. 데미우르고스에 의한 혼의 형성은 존재·동일성·타자성의 혼합과 분할이라는 방식을 통해 이루어진다. 혼의 분할(구성)은 처음에(I) 전체에서 한 부분을 떼어내고, 그 다음에(II) 이것의 2배 되는 부분을 떼어내고, 세 번째로(III) 두 번째 부분의 1배 반, 즉 첫 번째 부분의 3배를, 네 번째로(IV) 두 번째 부분의 2배를, 다섯 번째로(V) 세 번째 부분의 3배를, 여섯 번째로(VI) 첫 번째 부분의 8배를, 그리고 일곱 번째로(VII) 첫 번째 부분의 27배를 떼어내는 방식으로 신행된다. 이것을 표로 그리면 다음과 같다.

$$1 \cdots\cdots (\mathrm{I})$$
$$2 \cdots\cdots (\mathrm{II}) \qquad 3 \cdots\cdots (\mathrm{III})$$
$$(2^2) = 4 \cdots\cdots (\mathrm{IV}) \qquad (3^2) = 9 \cdots\cdots (\mathrm{V})$$
$$(2^3) = 8 \cdots\cdots (\mathrm{VI}) \qquad (3^3) = 27 \cdots\cdots (\mathrm{VII})$$

여기서 한쪽으로 2배수의 계열이 이루어지고 다른 쪽으로 3배수의 계열이 이루어진다는 것을 알 수 있다. 특히 앞 여섯 개의 수의 합이 맨 마지막 수와 같도록 안배되어 있다. (1＋2＋3＋4＋9＋8＝27) 이러한 방식의 분할을 거쳐 형성된 우주의 혼이 우주의 몸을 포괄할 때 천체가 성립하며 여기에서 항성궤도와 행성궤도가 구별된다. 여기서 행성이란 달·태양·금성·수성·화성·목성·토성이다. 헤겔도 지적하는 것처럼 플라톤의 《티마이오스》에서는 이 수열이 행성의 거리의 비와 연관해서 설명되는 것은 아니다. 그렇지만 이 수열이 데미우르고스가 우주를 창조할 때 본으로 삼았던 규범이라는 것을 고려하면 이들 행성계는 지구에서 1, 2, 3, 4, 9, 8, 27의 비를 이루는 거리에 있다고 추정할 수 있을 것이다〔《플라톤의 티마이오스》, 34b~36d, 95~99쪽 참조〕.

160) 앞의 주에서 설명한 바와 같이 《티마이오스》에서 설명되는 피타고라스·플라톤의 수열은 1, 2, 3, 2^2, 3^2, 2^3, 3^3, 즉 1, 2, 3, 4, 9, 8, 27이다. 이 수열에서는 9항 다음에 8항이 나온다. 수열상의 이 퇴행은 수의 진행에 분명히 어울리지 않기 때문에 헤겔은 이것을 수정하여 8 대신에 4^2, 즉 16을 놓으면 올바른 수열이 얻어진다고 주장하고 있는 것이다. 플라톤의 주석가들은 주 159에서 보는 것처럼 티마이오스의 본래 수열 속에 조화로운 의미를 갖는 것으로, 하나는 1, 2, 4, 8과 다른 하나는 1, 3, 9, 27이라는 편성으로 이루어진 이중적인 한 쌍의 수열이 갖는 신비성을 강조한다. 플라톤주의자의 관점에서 보면 헤겔이 작위적으로 이 수열을 왜곡할 때 당연히 그 신비함이 사라지게 된다. 두 배수의 계열과 세 배수의 계열로 이루어진 이중적인 수열의 조화가 붕괴된다는 것이다. dG.

161) 여기서 다루고 있는 수열은 네 번째 항인 4와 다섯 번째 항인 9인데, 행성의 계열에서 4는 화성에 대응하고 9는 목성에 대응한다. 헤겔은 이 두 행성 간의 간격이 크다는 것이 명명백백하기 때문

에 화성과 목성 사이에는 어떠한 행성도 존재할 수 없다고 주장한다. 헤겔은 태양계 전체를 우주 내부에 작용하는 응집선이 나타난 것으로 파악한다. 우주의 내부에는 응집력이 작용하고 있고 더구나 그 각 지점에서 각기 다른 응집도를 포함하고 있는데 이 힘의 정도에 따라 형성된 응집선의 발전 계열이 행성의 계열이 된다. 따라서 각 천체는 다른 응집도를 포함하는 우주의 결절의 계열이고 이 힘의 결절은 도량 관계로 표현된다. 그래서 헤겔은 자연의 이성적 질서를 바르게 표현하고 있는 피타고라스 · 플라톤의 수열이야말로 참된 의미에서 우주의 살아 있는 형태에 가장 가까운 것을 나타내고 있다고 주장한다. 이 '전래의 수열'에 대한 신뢰를 바탕으로 헤겔은 1801년 8월 27일 예나의 대학교수 자격 취득 토론 석상에서 이 논문을 변호했을 것이다.

《철학백과사전》〈자연철학〉의 영역자 페트리는 이 부분을 하나의 반어적 언명으로 해석한다〔Michael John Petry, *Einleitung und Kom-mentar zur Übersetzung von G. W. F. Hegel : Philosophy of Nature* (London : Humanities Press, 1970), Bd. 1, 372쪽 참조〕. 노이저는 그러한 반어법이 라틴어 원문의 수사학에서 나오는 것으로 본다. WN.

162) 헤겔은 피타고라스 · 플라톤의 수열에 근거하면서 이를 약간 변형해 나려 가시 수론식 표현을 부여함으로써 목성의 위성뿐만 아니라 토성의 위성까지 그 거리의 비를 나타낼 수 있다고 말한다. 이어지는 글에서 그에 관해 논하고 있다.

163) 헤겔은 1, 2, 3, 4, 9, 16, 27이라는 수열을 각각 네제곱하고, 다시 그것의 세제곱근을 구해서 새로운 수열을 만들어낸다. 그런데 원래 수열의 첫 번째 수가 1이기 때문에 1을 네제곱하고 그 세제곱근을 구하더라도 다시 1이 된다. 그러나 새로운 수열이 1에서 시작된다면 통일이 파괴되기 때문에 1에서 시작하지 않고 $\sqrt[3]{3}$ 에서 시작해야 한다고 한다. 왜 $\sqrt[3]{3}$ 에서 시작해야 하는지에 대

한 설명은 없다. $\sqrt[3]{3}$ 의 값은 1.44지만 헤겔은 1.4로 계산한다.

164) 당시 천문학자들은 목성의 위성(a, a+b, a+b+2b, a +b+2b+3b, ……)과 토성의 위성(a, a+b, a+bb, a+bbb, ……)에 대해서도 마찬가지로 거리의 수열을 열거했다. 새롭게 발견된 천왕성의 경우 그때까지 어떤 위성도 완전히 관측되지 않았지만 그 위성들에 대해서까지 동일한 수열을 열거하고 있었다[G. N. Fischer, *Über das Monadsystem des Uranus*(Berlin : Berliner astronomisches Jahrbuch, 1790), 213~219쪽 참조]. WN.

165) 헤겔이 전통적인 수열에 근거해 보여준 '각 행성의 거리의 비를 나타내는 수열'은 목성의 위성과 그 중심 천체인 목성 사이의 거리의 비와 그대로 일치한다. 이것을 표시하면 다음과 같다. WN.

이오	1.4
유로파	2.56
가니메데	4.37
칼리스토	6.34

166) 토성의 위성에 관해 여기에 나타나 있는 처음 네 위성 사이의 거리는 라플라스의 수치와 잘 부합된다. 이것을 표시하면 다음과 같다. WN.

미마스	$\sqrt[2]{1}$	= 1
엥켈라두스	$\sqrt[2]{2}$	= 1.414
테티스	$\sqrt[2]{4}$	= 2
디오네	$\sqrt[2]{8}$	= 2.828

167) 헤겔이 《행성궤도론》을 집필하던 당시 토성의 위성은 전체 열 개 중 일곱 개만 발견된 상태였다. 헤겔은 알려진 이 일곱 개의 위성을 가지고 그 중심 천체인 토성으로부터의 거리의 비를 검토했다. 여기서 헤겔이 제시하고 있는 위성의 수열은 다음과 같다. WN.

미마스	$\sqrt[3]{1}$	$= 1$
엥켈라두스	$\sqrt[3]{2}$	$= 1.26$
테티스	$\sqrt[3]{2^2}$	$= 1.63$
디오네	$\sqrt[3]{2^3}$	$= 2$
레아	$\sqrt[3]{2^3} \sim \sqrt[3]{2^{\frac{9}{2}}}$	$= 2.828$
타이탄	$\sqrt[3]{2^8}$	$= 4.226$
이아페투스	$\sqrt[3]{2^{\frac{35}{2}}}$	$= 17.959$

168) 원래의 제목은 '행성궤도론에 앞서 미리 제출된 테제들Dissertationi Philosophiae de Orbitis Planetarum Praemissae Theses'이다. 일반적으로 '토론Disputation 테제'라고 불린다. 당시 독일에서 대학 교수 자격을 얻으려면 우선 박사 학위 승인이나 인정을 받기 위한 신청서를 제출하고 이어서 논문 Dissertation을 제출해 심사를 받은 뒤, 마지막으로 미리 제출한 '토론 테제'를 중심으로 공개 석상에서 질의응답의 과정을 거침으로써 강의할 능력을 갖추고 있는가를 판정받아야 했다.

헤겔의 '토론 테제'는 교수자격 취득 논문과 마찬가지로 라틴어로 작성되어 있는 불과 5쪽 정도의 소책자다. 옮긴이는 이것을 라손 판과 노이저 판을 대조해 번역했다. 라손 판에서는 이 토론 테제가 교수자격 취득 논문 뒤에 실려 있다. 로젠크란츠와 마찬가지도 타논모 헤셀이 잎서 서술한 동식식인 실사를 서서 교누사격을 얻게 되었다고 해석하고 있기 때문이다. 그런데 최근의 연구에 따르면 이 테제는 '행성궤도론에 앞서 미리 제출된 테제들'이라는 제목을 달고 있고 공개 토론일(1801년 8월 27일)에 앞서 예나의 프라가 서점에서 인쇄되어 즉시 제출되었다. 노이저의 라틴어-독일어 대역본에 실려 있는 소책자 '토론 테제'의 표지 사진에는 이 토론 테제들이 "같은 해 8월 27일 G. W. F. 헤겔과 그의 보조자 셸링에 의해 공개 석상에서 변호"된다고 기록되어 있다. 이를 통해 8월 27일 공개 토론 석상에서 이 소책자를 가지고 토론이 이루어졌을 것이라는 사실을 알 수 있다(노이저의 독역본 72쪽 참조).

이 점에서 이 테제의 제목에 들어가 있는 '미리 제출된 Praemissae'이라는 말은 글자 그대로 시기적으로 앞서 있음을 의미하는 것으로 이해된다. 그래서 노이저는 교수자격 취득 논문에 앞서 이 테제를 배치했다. 그렇지만 교수자격 취득에 관한 공식 절차에 따르면 논문 다음에 토론 테제가 놓여야 하기 때문에 이 책에서는 그 순서에 따라 논문을 먼저 놓고 이 테제를 뒤에 수록했다.

169) 라틴어 원문은 "Contradicto est regula veri, non contradicto, falsi"이다. 이것을 라손과 노이저는 "Der Widerspruch ist die Regel für das Wahre, der nicht-Widerspruch (die) für das Falsche"로 옮겼다. 로젠크란츠는 그 문장의 후반부를 "contradictio non est contradictio falsi"로 번역했다(라손(1928), 405쪽 ; 노이저, 75쪽 ; 로젠크란츠(1963), 157쪽 참조).

170) 로젠크란츠의 주석에 따르면, 12항으로 이루어진 테제의 배열은 얼핏 보면 아무런 질서도 없이 흩어져 있는 것 같지만 거기에는 일정한 맥락이 있다고 한다. 이들 배열을 구분해보면 다음과 같다. ① 논리적인 테제, ② 자연철학적인 테제, ③ 철학 일반의 개념에 관한 비판적 테제, ④ 실천 철학과 관련된 테제(로젠크란츠(1963), 156쪽 참조). 이렇게 본다면 I과 II는 논리적인 테제로 보인다.

청년 헤겔은 튀빙엔, 베른, 프랑크푸르트를 편력하면서 사상적인 성과를 축적했다. 예나에 이르러 그러한 사상이 더욱 성숙했고, 여기서 집대성된 소재를 근간으로 체계 구상이 하나하나 완성되어갔다. 이 추측이 맞다면 이 열두 개의 테제는 모두 이 시기에 철학자의 마음속에서 익어가고 있던 체계 구상을 거칠게 묘사한 것이라고 생각할 수 있다. 이 시기 헤겔의 체계 구상은 '논리학 · 자연철학 · 형이상학 · 정신철학'의 네 부분으로 이루어진 것이라고 상정할 수 있을 것이다. MK.

171) 평방(제곱)과 같은 의미. 주 104를 보라.

172) 테제 III, IV, V는 자연철학적인 테제로 보인다.

173) 테제 VI, VII, VIII은 철학 일반의 개념에 대한 비판적인 테제라고 생각된다.

174) 마지막으로 배열된 테제 IX, X, XI, XII는 실천철학과 관련된 테제들일 것이다.

175) 伊坂靑司,〈ヘゲル自然哲學の成立—浪漫主義からの自立〉,《理想 第649 號 科學哲學から自然哲學に》(東京 : 理想社, 1992), 177쪽 참조[이 책은 앞으로 '이사카 세이시(1992)'로 표시하겠다].

176) 長島隆 · 松山壽一 編著,《ドイツ觀念論と自然哲學》(東京 : 倉風社, 1994), 202~203쪽 참조.〔이 책은 앞으로는 '이사카 세이시(1994)'로 표시하겠다〕.

177) 이사카 세이시(1994), 210~217쪽 참조.

178) 포텐츠 개념에 관해서는 주 100을 참조하라.

179) 로젠크란츠(1963), 147쪽 참조.

180) Wolfgang Bonsiepen, *Die Begründung einer Naturphilosophie bei Kant, Schelling, Fries und Hegel*(Frankfurt a. M. : Vittorio Klostermann, 1997), 461쪽 참조[이 책은 앞으로 '본지펜(1997)'으로 표시하겠다].

181) 로젠크란츠(1963), 150쪽 참조.

182) Klaus Düsing · Heinz Kimmerle(Neuhrg.), *Jenaer Systementwürfe I*(Hamburg : Felixmeiner Verlag, 1986), VII~X쪽 참조. 이 책은 앞으로 '*Jenaer Systementwürfe I*'로 표시하겠다.

183) Rolf-Peter Horstermann(Neuhrg.), *Jenaer Systementwürfe II*(Hamburg : Felixmeiner Verlag, 1982), VII~X쪽 참조. 이 책은 앞으로 '*Jenaer Systementwürfe II*'로 표시하겠다.

184) Rolf-Peter Horstermann(Neuhrg.), *Jenaer Systementwürfe II* (Hamburg : Felixmeiner Verlag, 1987), XI~X쪽 참조. 이 책은 앞으로 '*Jenaer Systementwürfe III*'로 표시하겠다.

185) '숨은 열'이란 물질이 온도나 압력의 변화를 보이지 않고 평형을 유지하면서 한 상태에서 다른 상태로 전이할 때 흡수 또는 발생하는 열을 말한다. 잠열이라고도 한다. 라부아지에가 처음 발견했다.

186) *Jenaer Systementwürfe III*, 100~171쪽 참조.

187) 본지펜(1997), 462쪽 참조.

188) *G. W. F. Hegel Werke in zwangzig Bänden 3 Phänomenologie des Geistes*(Frankfurt a. M. : Suhrkamp Verlag, 1986), 82~85쪽 참조. 이 책은 앞으로 '헤겔(1986), Bd. 3'으로 표시하겠다.

189) 헤겔(1986), Bd. 3, 49쪽 참조.

190) 헤겔(1986), Bd. 3, 51쪽 참조.

191) 헤겔(1986), Bd. 3, 12쪽.

192) 헤겔(1986), Bd. 9, 11~23쪽 참조.

193) an sich. '그 자체로'라는 말로 일상적으로는 für sich와 같은 의미로 사용하지만, 헤겔에게서는 독특한 철학적 의미를 지니고 있다. 헤겔에게서 an sich는 für sich와 콸레말로 사용된다. für sich가 자각적 · 현실적 · 독립적인 데 비해 an sich는 무자각적 · 잠재적 · 의존적인 상태를 의미한다. an sich에 대해서는 '즉자적', für sich에 대해서는 '대자적'이라는 번역어가 전공자들뿐만 아니라 일반인들에게도 널리 받아들여지지만 일본식 한자어라는 점에서 검토의 여지가 있다. 옮긴이는 an sich는 '자체로'로, für sich는 '자신에 대하여'로 번역하는 것이 자연스럽다고 생각한다. 그렇게 본다면 '자체로 자연은 생명체이다'라는 말은 '자연은 본질적으로 생명체이지만 자연은 그 사실을 자각하지는 못한다'라는 의미로 이해

할 수 있겠다. 물론 헤겔도 an sich나 für sich를 일상적인
의미로 사용하기도 한다. 그 경우는 문맥에 따라 이해해야
할 것이다.

194) 헤겔(1986), Bd. 9, 342~370쪽 참조.

195) 로젠크란츠(1963), 151~153쪽 참조.

196) 버나드 코헨, 《코페르니쿠스에서 뉴턴까지 새물리학의 태동》,
92~96쪽, 144~170쪽, 180~212쪽 참조.

197) 이러한 구분은 헤겔이 뉴턴을 오해한 데서 비롯된 것이다. 뉴턴
은 원심력과 구심력을 구분함으로써 천체의 운동 궤도를 설명하
고 있는 것은 아니다. 물론 뉴턴의 초기 저작에 이러한 오해를
가능하게 하는 설명이 있기는 하다. 이에 관해서는 주 37을 참조
하라.

198) 보데의 법칙과 그와 관련된 문제에 관해서는 주 154를 참조하라.

199) 주 159를 참조하라.

200) 유기체적이고 전일주의적이며 물활론적인 관점에서 지구 생태계
에 대한 새로운 관점을 제시한 러브록의 가이아 가설은 오늘날
유기체적이고 목적론적인 세계관이 얼마나 대중적인 힘을 가지
고 퍼져 있는가를 보여주는 전형적인 사례이다. 러브록은 지구를
하나의 살아 있는 생명체로 보았다. 가이아란 그리스 신화의 대
지의 신인 가이아에서 따른 말이다. 그는 생물권은 화학·물리
적 환경을 조절함으로써 우리의 행성을 건강하게 유지하는 능력,
즉 항상성을 가진 자기 조절적인 실체라는 소위 가이아 가설을
제기했다. 그는 가이아를 지구의 생물권, 대기권, 대양, 토양까
지 포함하는 하나의 복합적인 실체로서, 지구상의 모든 생물을
위해서 스스로 적당한 화학·물리적 환경을 조성할 수 있도록
피드백 장치나 사이버네틱 시스템을 구성한 총합체로 본 것이다.
참고로 러브록의 저서들을 소개하면 다음과 같다.

James E. Lovelock, 《가이아, 지구의 체온과 맥박을 체크하라》,

김기협 옮김(김영사, 1995).

James E. Lovelock, 《가이아의 시대, 살아 있는 우리 지구의 전기》, 홍욱희 옮김(범양사출판부, 1992).

James E. Lovelock, *Gaia : A New Look at Life on Earth*(New York : Oxford Univ. Press, 1988).

201) 《철학백과사전》〈자연철학〉을 영어로 번역하면서 상세한 주해를 덧붙인 페트리Petry는 연구자들이 《행성궤도론》을 악평하는 것은 그것이 해독하기 어려운 라틴어 텍스트이기 때문이라고 말한다. "이 주제를 다루는 논문들이나 교과서에서 이 교수자격 논문이 받아온 악평은 놀랄 정도인데, 이는 그것에 관해 저술한 필자들의 학식, 통찰력, 탁월함 때문이 아니라, 이 학자님들 거의 모두가 그런 종류의 많은 저술들과는 달리, 뭐니 뭐니 해도 대단히 모호하고 어렵고 그리고 읽을 엄두가 나지 않을 라틴어 논문을 끝까지 읽느라 당했을 고통 때문이다." *Hegel's Philosophy of Nature* I (eds.)(trans.) M. J. Petry(London : George Allen and Urwin LTD, 1970), 372~373쪽 주 281.

더·읽·어·야·할·자·료·들

버나드 코헨, 《코페르니쿠스에서 뉴턴까지 새물리학의 태동》, 조영석 옮김(한승, 1998)

헤겔은 《행성궤도론》에서 케플러의 법칙을 수학적으로 공식화한 뉴턴을 비판하고 당시 자연철학적 개념을 빌려 케플러의 법칙을 철학적으로 재해석하며, 이 과정에서 뉴턴의 역학을 조목조목 따져 그 오류를 논박한다. 헤겔의 논박을 이해하려면 과학사적 지식, 특히 근대 천문 역학의 발전사에 관한 지식이 필수적이다. 이 책은 코페르니쿠스에서 시작되어 뉴턴에 의해 완성된 근대 천문학의 발자취를 쉽고도 깊이 있게 좇고 있어서 인문학도들이 큰 어려움 없이 근대 역학의 발전사를 이해하도록 도와줄 것이다.

아이작 뉴턴, 《프린키피아 1, 2, 3》, 조경철 옮김(서해문집, 2000)

원제 '*Philosopiae Naturalis Principia Mathematica*(자연철학의 수학적 원리)'가 말해주듯 천상계와 지상계를 포함하는 모든 자연계의 운동과 변화의 근거가 되는 수학적 원리를 제시하고 있는 '뉴턴 역학'의 원전이다. 만유인력의 법칙과 운동 법칙을 명확하게 창시하고 수많은 계산 실례를 통해 그것들을 수학적으로 입증하고 있다. 특히 《행성궤도론》과 관련된 부분은 제1권이다. 뉴턴은 여기서 구심력 작용 아래에서의 물체의 운동을 논하면서 '면적 속도 일정의 법칙'을 다루고 있는데 이것은 케플러의 제2법칙과 제3법칙을 수학적으로 증명하는 것이다. 헤겔이 뉴턴을 비판하고 있는 중요한 논지 중의 하나가 뉴턴의 수학주의라는 것을 고려할 때 그것이 어떻게 전개되는가를 이해하기 위해 반드시 읽어봐야 할 책이다.

L. G. 리히터, 《헤겔의 자연철학》, 양우석 옮김(서광사, 1998)

헤겔의 《철학백과사전》〈자연철학〉의 서론을 체계적으로 해설한 책이다. 저자는 경험과 사변, 자연과 인간, 자연과학과 철학의 첨예한 대결을 통해 그 화해를 모색함으로써 헤겔 철학 본래의 의도를 드러내려 한다. 특히 이 책은 헤겔의 자연철학을 현대 자연철학과 기술철학의 지평에서 해석함으로써 현대 사회와 현대인의 근본 문제인 자연과 인간의 새로운 관계 설정을 모색한다는 점에서 시사하는 바가 크다. 오늘날 우리는 근대 과학 기술의 엄청난 파괴력 앞에서 이를 극복할 새로운 가능성을 찾아 헤매고 있다. 저자는 방황을 끝내고 헤겔의 자연철학에서 해답을 찾을 것을 권고한다. 《행성궤도론》을 직접 다루지는 않았지만 헤겔의 자연철학의 핵심 개념과 현재적 의의를 이해하는 데 도움이 되는 책이다.

Johannes Kepler, *New Astronomy*, (trans.) William H. Donahue(Cambridge : Cambridge University Press, 1992)

Johannes Kepler, *The Secret of the Universe*, (trans.) A. M. Duncan; introduction and commentary by E. J. Aiton; with a preface by I. Bernard Cohen(New York : Abaris Books, 1981)

케플러의 이 두 저서 중 《신천문학 *New Astronomy*》은 1609년에, 《우주의 조화 *The Secret of the Universe*》는 1619년에 출간되었다. 《신

천문학》은 케플러의 제1법칙과 제2법칙을 담고 있으며,《우주의 조화》는 제3법칙을 포함하고 있다. 흥미로운 것은 케플러의 법칙을 수학적으로 공식화한 뉴턴이 정작 이 케플러의 저서들을 인용하지 않았고, 마찬가지로 갈릴레오도 케플러의 타원 궤도에 관한 이론을 알고 있었음에도 불구하고 한 번도 그것을 인용하지 않았을 뿐만 아니라 그것을 칭찬하거나 비판하지도 않았다는 것이다. 아마도 케플러가 이 책들에서 행성의 궤도 운동을 만유인력을 통해 설명하지 않고 '자기적인 힘'으로 설명하고 있기 때문일 것이다. 말하자면 케플러는 근대 과학의 패러다임과는 다른 방식으로 행성의 궤도 운동을 설명하려 했다. 헤겔이 케플러를 '같은 고장 사람이자 신의 은총을 받은 우리의 천재'라고 평가하는 것도 바로 이러한 측면에 서이다. 헤겔은 케플러의 '자기적인 힘'을 '응집력'이라는 형이상학적 개념으로 발전시켜 행성의 궤도 운동을 설명한다.

Michael John Petry, *Hegel and Newtonianism*(Dordrecht : Kluwer Academic Publishers, 1993)

1989년 8월 말부터 9월 조까지 영국의 케임브리지 대학에서 개최된 '헤겔의 뉴턴 비판에 관한 국제학술대회'에서 발표된 논문들을 편집한 책이다. 제1부 형이상학에 열한 편, 제2부 수학에 다섯 편, 제3부 역학에 여섯 편, 제4부 천체 역학에 일곱 편, 제5부 광학에 여섯 편, 제6부 화학에 여섯 편, 제7부 서지학에 두 편, 이렇게 총 44편의 논문이 실려 있다. 이 중 특히《행성궤도론》의 이해와 밀접한 관련이 있는 논문이 바로 페트리가 쓴 〈케플러의 법칙의 의의The Significance of Kepler's Laws〉이다. 이 논문에서 페트리는 앞서 소개한 케플러의 두 저서에 나타난 케플러의 신비주의적 우주론을 뉴턴이 어떻게 수학화했고, 그에 대해 헤겔이 어떻게 비판하고 있는가를 《행성궤도론》과 《철학백과사전》〈자연철학〉을 근거로 자세히 밝히고 있다.

Stephen Houlgate (ed.), *Hegel and Philosophy of Nature*(Albany : State University of New Press, 1998)

이 책을 편찬한 홀게이트는 1994년부터 1996년까지 미국헤겔협회 회장을 역임한 미국의 대표적인 헤겔 연구가이다. 그의 대표 저서로는 《자유, 진리 그리고 역사 : 헤겔 철학 입문*Freedom, Truth, and History : An Introduction to Hegel's Philosophy*》(1991)이 있다. 그가 편찬한 《헤겔과 자연철학》은 12명의 필자가 헤겔 자연철학의 여러 층위에 관해 다룬 논문들을 모아놓은 것이다. 《행성궤도론》에 관한 논문도 세 편 포함되어 있다. 빈센티스Donald Nasti De Vincentis의 〈뉴턴의 사과를 갉아먹는 헤겔의 벌레Hegel's Worm in Newton's Apple〉, 드프레Oliver Depré의 〈헤겔의 1801년 교수자격 취득 논문의 존재론적 기초The Ontological Foundations of Hegel's Dissertation of 1801〉, 페리니Cinzia Ferini의 〈헤겔 체계의 발전에 있어 자연에서의 수와 도량의 논리학Numbers in Nature and the Logic of Measure in the Development of Hegel's System〉이 그것이다. 빈센티스는 만유인력의 법칙에 관한 뉴턴의 증명이 얼마나 불충분한가를 구체적으로 논증하며, 드프레는 티타우스-보데의 법칙에 대한 헤겔의 비판이 결코 '선험주의'에 입각한 것이 아님을 밝힌다. 페리니는 《행성궤도론》에 나타난 '수'에 관한 사상을 헤겔의 사상이 도량의 논리학으로 발전하는 과정으로 이해하여 헤겔 철학 체계의 성립사를 재해석한다.

伊坂靑司·長島隆·松山壽一 編著,《ドイツ觀念論と自然哲學》(東京 : 倉風社, 1994)

일본의 독일 자연철학 연구 수준을 가늠케 해주는 책으로 열두 편의 독일 자연철학 관련 논문을 편집한 것이다. 피히테, 셸링, 헤겔의 자연철학 관련 논문을 비롯해 헤르더Johann G. von Herder와 바더의 자연철학, 노발리스의 실험술, 리터Johann W. Ritter의 과학사, 르사주G. L. Lesage의 자연학 등 19세기 낭만주의 자연철학을 총망라했다. 이 중 이사카 세이시가 쓴 〈바더의 자연철학〉과 마쓰야마가 쓴 〈뉴턴과 르사주〉가 《행성궤도론》을 이해하는 데 특히 도움이 될 것이다. 헤겔은 《행성궤도론》을 쓸 때 셸링의 영향을 강하게 받고 있었지만 바더의 영향 또한 무시할 수 없다. 자연의 트리아데Triade 구조에 관한 바더의 사상은 헤겔의 변증법을 이해하는 데 중요한 것이라 할 수 있다. 또한 르사주는 뉴턴과 같은 시대의 자연학자였는데 그는 뉴턴의 중력 개념과는 다른 중력 개념을 제안했다. 헤겔은 여러 차원에서 뉴턴을 비판했는데 그 중 가장 핵심적인 것이 뉴턴의 중력 개념에 대한 비판이다. 이러한 비판에 르사주가 어느 정도 영향을 주었다는 것이 통설이다.

옮긴이에 대하여

박병기 bkpark518@hanmail.net

　전남 해남에서 태어났다. 문학을 하려면 철학을 알아야 한다는 은사님의 권고로 전남대 철학과에 진학했다. 우여곡절을 거쳐 구경하게 된 광주교도소에서 마르크스와 변증법을 만났다. 특사 독방 천장에 매달린 5촉 백열등 아래 서리 내린 듯 서슬 퍼렇게 꼿꼿이 앉아 책장을 넘기시던 이성재 선생님이 운동장을 돌며 들려주던 철학 이야기. 청년의 가슴이 내변에 철학을 통한 혁명의 열정으로 타오르지 않았다면 진실을 숨기는 것이리라.

　80년 봄 다시 돌아온 캠퍼스에는 대중들의 함성이 가득했지만 도서관 서고 구석에서 겨우 찾아낸 일역판 《마르크스레닌주의 철학교정》을 읽느라 '서울의 봄'이 오는지 가는지 알지 못했다. 어쩌다가 '광주'를 벗어난 것이 그만 청년 철학도를 '못 죽어서 미안한' 비겁자로 만들어버렸다. 그 사건은 20년이 지난 지금껏 하나의 멍에로 가슴 한 구석을 짓누르고 있다.

　대학 졸업 파티에서 처음으로 뵌 고 최재근 선생님의 권유로 전남대 철학과 대학원에서 헤겔의 《정신현상학》을 읽고 〈헤겔에 있어서 부정성 개념에 관한 고찰〉로 석사 학위를 받았다. 1980년대 중반, 시대의 소용돌이를 어두운 골방에서 벗들과 함께 마르크스의 저작을 읽으면서 견뎠다. 1990년대 초 같은 대학 대학원에서 〈마르크스 인간관 연구〉로 박사 학위를 받았으나 동구 사회주의가 무너지고 인간 이성과 역사 진보에 대한 믿음이 흔들리면서 방황했다. 다시 헤겔로 돌아와 후배들과 함께 《법철학강요》와 《정신철학》을 읽었다. 《정신철학》은 후배와 함께 번역·출간하기도 했다. 지금은 헤겔의 자연철학에 관심을 가지고 이것저것 읽고 있는 중이다.

　현재 전남대와 조선대에 출강하고 있으며, 전남대학교 5·18 연구소를 거쳐 철학연구교육센터 전임 연구원으로 있다.

책세상 문고·고전의 세계
030

행성궤도론

초판 1쇄 펴낸날 | 2003년 8월 10일
개정1판 1쇄 펴낸날 | 2012년 9월 10일

지은이 | G. W. F. 헤겔
옮긴이 | 박병기
펴낸이 | 김직승
펴낸곳 | 책세상

서울시 마포구 신수동 68-7 대영빌딩 (121-854)
전화 | 02-704-1250(영업부) / 02-3273-1333(편집부)
팩스 | 02-719-1258
이메일 | bkworld11@gmail.com
홈페이지 | www.bkworld.co.kr
등록 1975. 5. 21 제1-517호

ISBN 978-89-7013-410-9 04110
978-89-7013-297-6 (세트)

책세상문고 · 고전의 세계

001 민족이란 무엇인가 에르네스트 르낭 지음 | 신행선 옮김
002 학자의 사명에 관한 몇 차례의 강의 요한 G. 피히테 지음 | 서정혁 옮김
003 인간 정신의 진보에 관한 역사적 개요 마르퀴 드 콩도르세 지음 | 장세룡 옮김
004 순수이성 비판 서문 이마누엘 칸트 지음 | 김석수 옮김
005 사회 개혁이냐 혁명이냐 로자 룩셈부르크 지음 | 김경미 · 송병헌 옮김
006 조국이 위험에 처하다 외 앙리 브리사크 · 장 알만 외 지음 | 서이자 옮김
007 혁명 시대의 역사 서문 외 야콥 부르크하르트 지음 | 최성철 옮김
008 논리학 서론 · 철학백과 서론 G. W. F. 헤겔 지음 | 김소영 옮김
009 피렌체 찬가 레오나르도 브루니 지음 | 임병철 옮김
010 인문학의 구조 내에서 상징형식 개념 외 에른스트 카시러 지음 | 오향미 옮김
011 인류의 역사철학에 대한 이념 J. G. 헤르더 지음 | 강성호 옮김
012 조형미술과 자연의 관계 F. W. J. 셸링 지음 | 심철민 옮김
013 사회주의란 무엇인가 외 에두아르트 베른슈타인 지음 | 송병헌 옮김
014 행정의 공개성과 정치 지도자 선출 외 막스 베버 지음 | 이남석 옮김
015 전 세계적 자본주의인가 지역적 계획경제인가 외 칼 폴라니 지음 | 홍기빈 옮김
016 순자 순황 지음 | 장현근 옮김
017 언어 기원에 관한 시론 장 자크 루소 지음 | 주경복 · 고봉만 옮김
018 신학 – 정치론 베네딕트 데 스피노자 지음 | 김호경 옮김
019 성무애락론 혜강 지음 | 한흥섭 옮김
020 맹자 맹가 지음 | 안외순 옮김
021 공산당선언 카를 마르크스 · 프리드리히 엥겔스 지음 | 이진우 옮김
022 도덕 형이상학을 위한 기초 놓기 이마누엘 칸트 지음 | 이원봉 옮김
023 정몽 장재 지음 | 장윤수 옮김
024 체험 · 표현 · 이해 빌헬름 딜타이 지음 | 이한우 옮김
025 경험으로서의 예술 존 듀이 지음 | 이재언 옮김
026 인설 주희 지음 | 임헌규 옮김
027 인간 불평등 기원론 장 자크 루소 지음 | 주경복 · 고봉만 옮김
028 기적에 관하여 데이비드 흄 지음 | 이태하 옮김
029 논어 공자의 문도들 엮음 | 조광수 옮김
030 행성궤도론 G. W. F. 헤겔 지음 | 박병기 옮김
031 성세위언 — 난세를 향한 고언 정관잉 지음 | 이화승 옮김
032 에밀 장 자크 루소 지음 | 박호성 옮김
033 제3신분이란 무엇인가 E. J. 시에예스 지음 | 박인수 옮김
034 대중 문학론 안토니오 그람시 지음 | 박상진 옮김
035 문화과학과 자연과학 하인리히 리케르트 지음 | 이상엽 옮김
036 황제내경 황제 지음 | 이창일 옮김
037 과전론 · 치안책 가의 지음 | 허부문 옮김
038 도덕의 기초에 관하여 아르투어 쇼펜하우어 지음 | 김미영 옮김
039 남부 문제에 대한 몇 가지 주제들 외 안토니오 그람시 지음 | 김종법 옮김
040 나의 개인주의 외 나쓰메 소세키 지음 | 김정훈 옮김
041 교수취임 연설문 G. W. F. 헤겔 지음 | 서정혁 옮김
042 음악적 아름다움에 대하여 에두아르트 한슬리크 지음 | 이미경 옮김
043 자유론 존 스튜어트 밀 지음 | 서병훈 옮김
044 문사통의 장학성 지음 | 임형석 옮김
045 국가론 장 보댕 지음 | 임승휘 옮김
046 간접적인 언어와 침묵의 목소리 모리스 메를로 퐁티 지음 | 김화자 옮김
047 나는 고발한다 에밀 졸라 지음 | 유기환 옮김
048 아름다움과 숭고함의 감정에 관한 고찰 이마누엘 칸트 지음 | 이재준 옮김
049 결정적 논고 아베로에스 지음 | 이재경 옮김
050 동호문답 이이 지음 | 안외순 옮김